A culinária japonesa sem mistérios

Silla Bjerrum

sumário

introdução 6
o kit inicial 8
história dos peixes 10
arroz de sushi à prova de erros 14

sashimi 16
saladas 40
sushi-nigiri 58
sushi-maki 86
tempurá 116
pratos com macarrão ocidental e oriental 142
sobremesas 160

pratos com macarrão ocidental e oriental 170
onde comprar 172
índice 173
agradecimentos 176

introdução

Retornei a Londres no início dos anos 1990 para terminar o meu bacharelado na Universidade de Copenhagen como estudante visitante, enquanto desfrutava da atmosfera e dos ambientes dos clubes londrinos. Para me sustentar, consegui um emprego como auxiliar de cozinha no restaurante japonês de um conhecido de um amigo meu. Nippon Tuk era um lugar pequeno e excêntrico em Chelsea, comandado por Jeremy Rose e Michael Heycock. Michael ensinou-me as tarefas básicas, por exemplo como fazer o sushi, enquanto Jeremy ensinou-me sobre a vida. Passei quatro anos no Nippon Tuk, aprendendo técnicas e absorvendo muitas das rotinas auxiliares. Sempre que podia, visitava o Japão por curtos períodos para trabalhar servindo a clássica cozinha japonesa e provando o real negócio direto na fonte.

Durante esse tempo, desenvolvi uma profunda fascinação, não somente pela comida do Japão, mas também por sua cultura e seu povo. Inicialmente, eu queria ser mestre na habilidade do sushi nos moldes tradicionais – por exemplo, pacientemente melhorar o meu arroz de sushi, aprimorar a minha habilidade com a faca e produzir autênticos sushi-maki e nigiri tão próximos quanto possível do original.
Em 1996, fiz um mestrado em Artes na Faculdade Goldsmith e planejei uma carreira em editoração.
Contudo, o mercado de sushi em Londres foi crescendo rapidamente, e a demanda por especialistas era alta.

Decidi aceitar que meu destino e meu talento estavam relacionados com a comida japonesa.
Fui trabalhar para o Birley's na Canary Wharf produzindo manualmente um volume enorme de caixas de comida para almoço, tipo marmitas, de segunda a sexta-feira. Embora eu achasse repetitivo fazer o mesmo conteúdo dia após dia, isso depois provou ter sido uma experiência essencial.
Deu-me a oportunidade de aprender mais sobre rotinas necessárias e sobre a responsabilidade de liderar uma cozinha bem-sucedida – coisas como o controle de quantidade, hierarquia da equipe, higiene, saúde, segurança e outras. O sushi era muito popular, vendia muito e isso fazia eu me levantar às cinco da manhã para dar início ao trabalho em uma área industrial escura em Battersea. Após dois anos trabalhando desse jeito, joguei a toalha para poder atuar em um ambiente mais "humano".

Jeremy Rose e eu juntamos nossas forças novamente como parceiros nos negócios e, com o apoio dos nossos patrocinadores financeiros, abrimos o Feng Sushi no verão de 1999. Nosso primeiro ponto de venda foi em Fulham Road, um pequeno negócio local com uma clientela fiel. Durante os últimos sete anos, abrimos outras cinco filiais na cidade de Londres, oferecendo um serviço de entrega muito eficiente. Desde o seu início, o Feng Sushi tem sido construído com base em dois princípios simples: a qualidade da origem e do preparo dos alimentos e comida preparada e vendida por uma equipe de jovens de várias nacionalidades, bem treinados.

Iniciar um pequeno negócio tem sido uma experiência e tanto, promovendo uma bela curva de aprendizado. Nossa força é o faro de Jeremy para achar locais estratégicos, o bom gerenciamento no atendimento ao cliente e o tempo que dedico à cozinha, assegurando que a equipe entenda o produto. O resto, adquirimos ao passar por experiências tanto hilárias quanto estressantes. Durante todo esse tempo, Jeremy e eu criamos dois lemas: "se o nosso peixe não for fresco, nós o estapeamos" e "você é tão bom quanto o seu fornecedor".

Não ser um chef treinado de forma clássica nos fez passar por momentos difíceis: algumas vezes você precisa utilizar e conhecer o termo adequado e ter estilo.
Mas nunca esquecer que o ar de confiança que um bom chef

introdução

frequentemente exala vem das horas passadas na cozinha prestando atenção nos detalhes, e não necessariamente nos colegas que também trabalham no ramo da gastronomia. Minha opinião é que a crescente leva de cozinheiros autodidatas traz uma golfada de ar fresco para o cenário dos restaurantes e é uma alternativa saudável para a tagarelice constante dos grandes chefs de cozinha, sobre quem é e quem não é um "verdadeiro" chef.

Minha aproximação com a comida baseia-se nas minhas experiências gastronômicas – passadas e presente – mais a leitura de muitos livros e revistas de culinária. O procedimento é muito simples: "Isso deve ficar bom ou parece delicioso?"; e me perguntava se eu seria capaz de trabalhar com aquilo. A partir daí, é tentativa e erro. Acredito que a maioria dos pratos precisa ser preparada várias vezes antes que alcancemos o resultado desejado.

Além disso, também faço parte de uma grande família de apreciadores da boa comida. Todo evento social ou sazonal é celebrado com uma grande festa de pratos novos e elegantes. Para nós isso é um negócio sério: se você convidar pessoas com as quais você se relaciona, é para impressioná-las e pode até ser uma experiência difícil para os novos membros da família ou para os amigos. No entanto, críticas boas e construtivas às vezes são valiosas. Com esse pano de fundo, sempre estou ansioso para fazer novas experiências, especialmente quando visito novos lugares ou conheço pessoas em um outro contexto, com uma vida diferente da minha.

Gosto de misturar sushi com sabores escandinavos e europeus, pois cresci comendo essa comida e a conheço muito bem. Portanto, o sushi e a comida japonesa neste livro são uma mistura de pratos clássicos japoneses e novas criações com um toque estrangeiro – como o nigiri gravadlax, que é o tradicional salmão cru da Escandinávia feito com ervas tailandesas ao invés do endro e servido sobre o sushi com um pesto em estilo asiático. Outra mistura popular é o prato com peixe asiático e fritas com molho derivado da maionese, que leva mostarda, alcaparras, ervas finas etc.; uma interpretação japonesa do prato favorito britânico tradicional com um desvio dinamarquês fornecido pela imersão do peixe no molho rémoulade.

A ideia deste livro surgiu da minha experiência em treinamentos de chefs nas suas próprias residências e das aulas de sushi que tenho feito para o público em geral, em empresas e instituições de caridade, desde a primavera de 2003. Percebi que muitos dos nossos clientes estavam interessados em aprender algumas técnicas básicas para fazer o seu próprio sushi em casa. Tenho a forte convicção de que qualquer pessoa que esteja disposta a aprender seja capaz de fazer comida japonesa.

Há dois pontos sobre os quais sou militante: boa fonte de fornecimento de peixe fresco (para mais informações, consulte as páginas 10-13) e cozinhar o arroz de sushi corretamente. O primeiro ponto é sempre considerado, mas o segundo é frequentemente ignorado. Lembre-se: um bom sushi depende 50% do perfeito cozimento do arroz; para isso, você precisa seguir com precisão as instruções das páginas 14-15 e usar o arroz de sushi adequado, que atualmente está amplamente disponível no mercado.

Paciência e persistência podem transformar a maioria das pessoas em um cozinheiro de sushi decente, e com esse conhecimento senti que deveria registrar algumas das minhas receitas favoritas em forma de livro.
A cozinha japonesa requer habilidade, mas uma vez que você tenha dominado uma pequena quantidade de técnicas básicas, todas as oportunidades estarão ao seu alcance.
O mundo é seu.

Silla Bjerrum

o kit inicial

Você precisa de poucos utensílios para fazer sushi: uma esteira de bambu para preparar os rolos e um molde de nigiri para formar os pequenos blocos de arroz. Os moldes podem ser encontrados na maioria das lojas de artigos asiáticos. Um mandolin é necessário para cortar os vegetais em tiras bem finas de forma rápida e fácil. Também vale a pena investir em um par de facas japonesas. As que são demonstradas neste livro não são caras, mas qualquer faca boa de cozinheiro, bem afiada, cumprirá o papel. Uma panela Tamago é essencial para fazer as omeletes japonesas enroladas. Antes de usar a panela você deve aquecê-la, acrescentar delicadamente 100 gramas de sal em um pouco de óleo vegetal e deixar ferver por dez minutos. Deixe esfriar a panela, descarte o óleo e ela durará por décadas.

Os ingredientes básicos para o sushi estão amplamente disponíveis e também são artigos fáceis de serem armazenados em casa. Um pacote de alga dura uma eternidade, desde que não esteja aberto, portanto você pode mantê-lo pelo tempo que quiser. Comprar o vinagre de sushi ao invés de fazê-lo, minimiza o número de itens que você precisa se preocupar. Por último, certifique-se de comprar o arroz de sushi adequado (grãos curtos arredondados, variedade polida). Uma marca de preço médio dará excelentes resultados e sempre que possível, escolha o arroz cultivado no hemisfério em que você vive. O arroz vindo do Hemisfério Norte, capta umidade quando cruza a linha do Equador.

Em sentido horário, a partir do canto esquerdo: tábua, esteira de rolo de bambu, faca Deba, faca para sashimi, mandolin, molde de nigiri, água acidulada, óleo de gergelim, óleo de soja, alga, pó dashi, wasabi, gengibre em conserva, sementes de gergelim tostadas (pretas e brancas), arroz de sushi.

história dos peixes
peixe para sashimi, sushi e outros pratos japoneses

Desenvolvi o hábito de julgar um lugar e as pessoas que nele vivem pelo seu peixe. Pode não ser um critério totalmente justo, a partir de uma perspectiva sociológica, mas pelo menos me ajuda a levantar cedo para procurar o mercado de peixe local. Visitei mercados em pequenas comunidades de pescadores com poucos barcos e um defumadouro, armazéns com enormes frigoríficos repletos de produtos importados, enfim, mercados que possuem duas seções separadas, uma voltada para as vendas no varejo, a outra, para as vendas no atacado, e todos apresentam padrões diferentes.

Um mercado que eu sempre vou preferir, é o Tsukiji, em Tóquio. A primeira vez que fui ao Tsukiji fiquei tão impressionado que voltei lá três vezes, durante a minha viagem. Agora, toda vez que vou a Tóquio faço questão de ir até lá, quase todas as manhãs, porque é o mercado de peixe mais fascinante no mundo. Situado na baía de Tóquio, esse mercado tem o mar à suas costas e a cidade à sua frente. O padrão de higiene é alto e fiquei surpreso por não sentir o cheiro tradicional frequentemente associado aos mercados de peixe. Foi lá que aprendi a lição mais importante: peixe fresco não tem cheiro de peixe, tem cheiro de mar fresco e salgado.

A maioria dos guias turísticos de Tóquio recomenda visitar o Tsukiji na parte da manhã, para ver o leilão de atum. Este é o momento em que o atum-rabilho importado está mais caro e é vendido primeiro aos feirantes do mercado, em seguida aos profissionais de restaurantes. Contudo, se você perder esse evento, ainda há muito para satisfazer os seus sentidos.

A princípio, o mercado parece caótico com pessoas apressadas, vendedores gritando os preços e caixas de peixes empilhadas por toda a parte. Você tem que negociar em um labirinto de caminhos estreitos, tomando o cuidado para não ser atropelado por um comerciante impiedoso dirigindo rapidamente o seu kart motorizado através do mercado ou ficar de pé próximo a alguém indiferente que usa uma motosserra para cortar o atum-rabilho congelado. Há grandes barracas que oferecem o atum vermelho brilhante em vitrines de vidro, como se fossem as joias da coroa. Há barracas especializadas para todos os tipos de peixes conhecidos na cozinha japonesa: uma vende ouriço-do-mar, outra, ovas de salmão, uma terceira oferece principalmente lulas e polvos, e assim por diante.

Nos arredores do mercado há mais oportunidades para se fazer compras: mercearias, verdureiros, bancas de livros de culinária, lojas de utensílios domésticos, varejistas vendendo gelo raspado, e pequenos restaurantes servindo o sushi mais fresco que se possa imaginar. Há uma loja Tamago incrível, especializada em omeletes japonesas. Eles fazem somente omeletes, o dia todo: uns cinco a seis chefes Tamago trabalham juntos, preparando lindas omeletes artesanais em grande quantidade para os restaurantes de sushi do centro da cidade.

Tsukiji ensinou-me muito sobre o que eu devia exigir dos peixes que compro para os meus restaurantes em Londres. Para o sashimi e o sushi, os peixes na sua maioria são comidos crus e, portanto, a qualidade e frescor são essenciais. Para assegurar um excelente sabor, apresentação visual e segurança na higiene da comida, há alguns pontos-chave a serem seguidos:

• Compre o peixe em um mercado de peixe ou em uma peixaria conceituada, de preferência num estabelecimento com o qual você tenha uma relação de cliente assíduo ou que tenha sido recomendado por alguém que se preocupe com a boa qualidade dos produtos utilizados na cozinha.
• Esteja ciente de que o peixe vendido às segundas-feiras é geralmente o estocado no sábado, já que muitos estabelecimentos fecham aos domingos.
• Sempre informe o vendedor de peixe que você pretende

história dos peixes

servir o peixe cru, e peça pela classe de peixe sashimi, que também indica que será comido cru.
• Poucos supermercados vendem a classe de peixe para sashimi. Muito embora os demais peixes sejam perfeitamente adequados para se comer cozidos, talvez não sejam suficientemente bons para serem consumidos crus.
• Sempre compre o peixe no mesmo dia em que você for prepará-lo e o coloque de imediato na geladeira, assim que chegar em casa.

Além disso, você deve seguir estas regras básicas:
• Quando comprar um peixe inteiro, sempre peça sem as vísceras e limpo. Isso o poupará do trabalho sujo e você estará minimizando o risco de contaminação cruzada na sua cozinha.
• Quando comprar peixes inteiros, procure os de olhos claros e vermelhos brilhantes, guelras esponjosas e sem cheiro.
• Quando comprar peixes em filés, escolha os de textura firme, sem cheiro e que ainda tenham um brilho natural.
• Quando comprar um lombo de peixe, verifique se foi cortado a partir do meio do peixe, já que a cauda, frequentemente, possui grande quantidade de tecidos que serão de pouca utilidade.
• Um lombo também deve ter uma aparência de frescor e não apresentar partes escuras ou ressecadas.

É importante ter algum interesse em saber como e de onde os peixes que comemos vêm. As principais questões são os métodos de pesca, o manuseio à distância e o transporte. Em geral, o peixe capturado no anzol é melhor do que o pescado na rede, já que as linhas das varas ficam na água por um mínimo de tempo. O principal problema do peixe pescado com rede é o modo como é feita a pesca: às vezes 50 por cento dos peixes pegos são jogados de volta no mar, mortos sem propósito algum. Além disso, alguns peixes são danificados pelo próprio peso das redes quando eles são içados para a superfície da água.

Os peixes capturados por grandes navios pesqueiros comerciais são pescados com tão pouco respeito pela população de peixes e pelo ambiente que as redes são arrastadas cada vez em uma profundidade maior, pegando tudo pelo caminho, como um malvado Godzila do mar. Prefiro a pesca feita em pequenas embarcações que vão ao mar por poucos dias e pescam em águas sustentáveis. Com bom manuseio do peixe a bordo, ele se mantém mais fresco e chega intacto e consegue melhor preço no mercado.

Ao servir peixe nos nossos restaurantes todos os dias, assumi a responsabilidade de incluir e promover pescas realizadas localmente sempre que possível, para poupar milhas aéreas. Estamos acostumados com um mundo de produção em massa, com alimentos transportados globalmente que todos nós esperamos que estejam disponíveis para o consumo durante o ano todo. No entanto, a pressão que deve ser feita sobre os fornecedores e até sobre os pescadores para que os procedimentos sejam realizados de forma correta, pode vir apenas da parte do consumidor, seja aquele que compra para o seu consumo próprio ou o cliente de um restaurante.

Sou um grande defensor do cultivo da pesca sustentável (que quer dizer: ecologicamente correta). O cultivo de peixes em cativeiro pode ser bem-sucedido se os produtores considerarem o bem-estar dos animais e o seu ambiente. A indústria de cultivo do salmão tem estado sob pressão já há alguns anos no sentido de melhorar os seus métodos. As boas iniciativas são minoria e não se comunicam entre si, mas há alguns bons produtos no mercado. Escolhi cultivar o salmão por várias razões. Um salmão originário de um bom viveiro, com excelente nível de qualidade é mais seguro para ser comido cru do que o capturado de forma selvagem. Além disso, o risco de apresentar parasitas e vermes é mínimo. O salmão cultivado corretamente evitará a presença de dioxinas na carne devido ao uso de um tipo de ração feita a partir de peixes capturados em águas não poluídas. Além disso, proporcionar bastante espaço ao salmão (na proporção de menos de um por cento de peixe para 99 por cento de água) o fará se desenvolver e crescer de forma saudável e feliz. Eles não apenas apresentam melhor sabor e melhor textura do que outros peixes de cativeiro, como são mais magros. Peixes não gordurosos contêm poucas toxinas e dioxinas porque estas substâncias ficam armazenadas no tecido adiposo.

Nos últimos quatro anos, tenho tido a sorte de utilizar o salmão do Loch Duart, uma empresa sediada no noroeste das terras escocesas. Loch Duart produz salmão com padrão de qualidade bem elevado e utiliza o sistema de pousio no local das suas quatro fazendas, de modo que todo ano uma delas é afastada da produção para dar tempo ao mar, no sentido de que se recupere de qualquer impacto que o cultivo possa ter causado. Inclusive, eles não usam produtos químicos em suas redes de pesca. Ao invés disso, o salmão é removido para uma parte vazia do local de cultivo a cada seis semanas, e as redes são puxadas para cima para deixar que as algas sequem naturalmente ao vento e ao sol. As algas são uma boa fonte de minerais para os peixes. O salmão Loch Duart é um pouco mais caro que os outros salmões cultivados, mas a diferença no sabor e na textura é perceptível. Esperemos que mais e mais restaurantes exijam salmão deste tipo e desta qualidade, e, consequentemente, exerçam a pressão necessária sobre toda a indústria causando uma mudança.

No caso do atum, é difícil não resgatar e utilizar milhas aéreas. O atum no mercado de sushi na Europa vem principalmente do Sri Lanka ou das Maldivas. Como a popularidade do sushi tem crescido ao redor do mundo nos últimos 20 anos, a pesca do atum tem sido intensificada. A pesca anual hoje em dia, é de aproximadamente 1.2 milhões de toneladas. O Japão pesca 350.000 toneladas de atum ao redor de todo o seu território e importa 250.000 toneladas anualmente, portanto responde por 50 por cento da pesca global de atum.

Há sete tipos de espécies de atum, contudo para o sushi os mais populares são o rabilho, o albacora e o patudo. O patudo tem um alto teor de gordura e, portanto, de uma certa forma, é perfeito para o sushi. Contudo, a carne perde a sua cor tão logo seja exposta ao ar e o peixe deverá ser comido logo após ter sido tirado da água – tornando-se desta forma inadequado ao mercado europeu. Frequentemente o atum patudo é embalado a vácuo tão logo chegue ao deck, sendo muito menos adequado para ser comido cru.

Há dois cortes de rabilho muito populares no mercado japonês. A maior demanda é pelo retalho da barriga, chamada de toro pelos japoneses. Toro quase parece um bife marmorizado e tem um matiz rosa comparado ao corte mais magro chamado maguro (miolo de filé de atum), que vem do topo do lombo do peixe. Pescar o atum é uma operação altamente técnica e a maioria do atum destinado ao mercado japonês é capturada por grandes barcos. O atum é pescado por anzol e assim que é lançado no convés, é eviscerado, sangrado e então classificado. Os melhores peixes são os congelados em nitrogênio e são os que atingem os preços mais altos quando vendidos. Este é um método muito bom de conservação, já que ajuda a matar quaisquer bactérias que se desenvolvam na carne do peixe. Tão popular é o atum rabilho no Japão que 80 por cento da pesca mundial é levada para esse país. O atum rabilho é visto no mercado europeu somente durante os meses de verão, quando estes peixes nadam com a Corrente do Golfo em direção ao Mar Mediterrâneo.

Infelizmente, devido a sua alta popularidade e à pesca excessiva, o atum rabilho corre sério risco de extinção. Atualmente, este peixe também está sendo cultivado na Croácia, na Austrália e na Itália, em pequenas quantidades. Os atuns jovens são capturados no meio selvagem e a partir daí, criados em grandes áreas cercadas ao longo da orla marítima. O problema com este método é que o estoque de animais reprodutores está sendo tirado da porção armazenada pela natureza, o que pode ter consequências para a população futura. Ao redor do mundo, vários procedimentos e cuidados têm sido tomados para ajudar a preservar o atum rabilho. Contudo, como ainda é preocupante a situação dos estoques de animais reprodutores desta espécie, prefiro usar o atum albacora.

Principalmente sob um ponto de vista ecológico, mas também sob um ponto de vista financeiro e prático, há muitas razões para preferirmos o saboroso atum albacora. É muito difícil garantirmos um abastecimento estável de atum rabilho com a mesma qualidade e melhor preço do que o pescado e vendido no mercado japonês. O atum rabilho é geralmente muito caro e o lombo, com o seu toro (barriga) muito apreciado, oferece pouca carne para pratos com atum magro.

A maioria dos peixes albacora presentes no mercado europeu é do Sri Lanka e das Maldivas. O atum é pescado com anzol e uma vez no convés, é eviscerado, sangrado e mantido em uma lama de gelo para ser conservado. Todo atum prefere água quente de 17º-27ºC, contudo, quando morto há um risco de envenenamento com histamina, se eles forem mantidos em uma temperatura acima de 5ºC. Para algumas pessoas pode ser mortal. Todo atum utilizado para sushi tem os níveis de histamina verificados.

Quando comprar o atum para preparar pratos japoneses, sempre peça pelo corte do meio, já que este provê um rendimento maior. Você pode comprar o atum um dia antes de servi-lo, mas deve envolvê-lo firmemente com um papel toalha e depois com filme para alimentos. Mantido dessa forma, similar que utilizamos com os bifes de carne bovina, ele se conservará durante a noite.

O *yellowtail* ("cauda amarela", em inglês) ou hamachi é um nome comum para o peixe amberjack, que é uma variedade gordurosa que apresenta uma carne cinza-claro e um rico

história dos peixes

sabor amanteigado que pode substituir a cavala e o atum. O hamachi pertence à mesma família do atum, do bonito e da cavala. A maioria dos hamachi é importada congelada do Japão ou da Austrália, onde eles são criados em viveiros e recolhidos quando pesam de 7 a 10 quilos. Embora o peixe hamachi seja vendido em filetes congelados, é adequado comê-lo cru.

O badejo é um outro peixe criado em viveiro de maneira bem-sucedida, particularmente na Grécia, que tem se tornado o líder de mercado. Assim como o salmão, o badejo cultivado é mais seguro do que o selvagem para se comer cru, porque há um risco mínimo de parasitas e vermes que são frequentemente encontrados nos peixes, mas que normalmente desaparecem durante o cozimento. Além disso, os badejos do mar alimentam-se às vezes de uma erva verde que contém altos níveis de bactérias em desenvolvimento, algo que pode ser facilmente eliminado durante o cozimento, mas não quando comido cru. Os badejos são cultivados em espécies de gaiolas redondas em alto-mar nas águas limpas e calmas das ilhas gregas. Um bom tamanho de badejo para se fazer sushi e sashimi é de 600 a 800 gramas.

A cavala é o peixe mais subestimado na Europa e é um exemplo pertinente das práticas e manuseio inadequado da pesca. Frequentemente esse peixe, por atingir um preço baixo no mercado, é visto apenas como isca para outros peixes. Obviamente, se o peixe não é bem tratado, bem conservado, ele não estará apresentável para ir para o balcão de peixes e acabará indo para a panela – algo que acho inaceitável para um peixe de anzol – e quando pescado de forma adequada, a cavala é um dos peixes mais bonitos. Um peixe gorduroso, rido em ômega 3, adequado para ser incluído em quase todas as dietas. Na cozinha japonesa, a cavala costuma ser servida no vinagre ou grelhada, já que dessa forma é mais seguro do que comê-la crua. Eu estou particularmente fascinado pela cavala.

É muito comum encontrar um defumadouro em todos os portos ao longo da costa dinamarquesa que resgata memórias de excelentes viagens de barco que fiz com o meu pai.

Na Grã-Bretanha, a cavala pescada em anzol na Cornualha é também excelente e está amplamente disponível na maior parte do ano. A maioria delas vem do mercado de peixe de Newlyn, Penzance, que é mantido por pequenos barcos.
Os camarões, especialmente os tigres pretos, são também populares na cozinha japonesa. Em geral, as fazendas de camarões têm uma reputação muito ruim, tendo apresentado umas poucas melhorias nos métodos de cultivo nos últimos anos. Pergunte ao seu peixeiro ou ao vendedor de peixe o que ele sabe sobre a origem de seus camarões tigres. Camarões frescos de boa qualidade muitas vezes são trazidos da Nigéria e de Madagascar, mas isso infelizmente consome muitas milhas aéreas. Para os camarões tigres congelados com uma qualidade aceitável, a Malásia atualmente tem melhor reputação do que a maioria das regiões produtoras e seus camarões congelados, que são transportados pelo mar.

Outro ingrediente delicioso usado neste livro é a vieira. O mergulho praticado no mar é um método muito mais delicado para recolher esses moluscos bivalves do que os arrastões. Esse método foi desenvolvido na Escócia quando a plataforma de petróleo estava sendo construída. Mergulhadores freelancers buscavam uma maneira de ganhar dinheiro durante o período em que eles não tinham nenhum mergulho para fazer para a plataforma de petróleo e descobriram que havia um mercado de vieiras a serem coletadas manualmente. O mergulho em si causa pouco impacto no ambiente porque os mergulhadores desciam nas mesmas áreas repetidas vezes e pegavam as vieiras ao invés de raspas do fundo do mar. Muitas vezes os mergulhadores mantinham as veiras menores em gaiolas debaixo da água (um processo similar à pesca da lagosta) até que elas atingissem o tamanho ideal. As vieiras pegas com as mãos, seja de Dorset ou da Escócia, são absolutamente divinas.

introdução

arroz de sushi perfeito

Este método rende 1,1 kg de sushi preparado; as quantidades aqui descritas podem ser facilmente duplicadas ou quadruplicadas.

1. Coloque 500 g de sushi em uma cesta para mistura grande.

2. O arroz precisa ser lavado asperamente quatro ou cinco vezes. Para isso, encha o cesto com água fria e despeje o arroz com sua mão, mas não tão vigorosamente que você quebre os grãos de arroz. Após cada lavagem tire a água e comece novamente.

3. Após quatro ou cinco lavagens a água estará com um branco mais nublado do que leitoso. Agora lave outras quatro vezes, mas a cada vez despeje o arroz em uma peneira para tirar toda água.

4. Deixe o arroz descansar 30 minutos na peneira, então meça o volume de arroz em um jarro. Para cozinhá-lo, ponha o arroz em uma panela de arroz ou caçarola. Adicione água suficiente para dar 110 por cento do volume de arroz. Não acrescente sal. Se usar uma panela de arroz elétrica, ligue-a e quando tiver terminado de cozer, deixe-a descansar por 17 minutos. Se cozinhar o arroz em uma caçarola, espere ferver, cubra e deixe fervilhar por 17 minutos, então deixe o arroz descansar por 17 minutos.

5. Quando o arroz tiver descansado, coloque-o dentro de uma bandeja e leve ao vapor por cerca de 10 minutos, até que alcance 50ºC. É importante não acrescentar vinagre de sushi a um arroz muito quente ou a umidade causará colapsos aos grãos.

6. Posicione um ventilador de que modo que sopre ar frio diretamente ao arroz. Borrife 65 ml de vinagre de sushi sobre o arroz e incorpore-o fazendo curvas diagonais através do arroz com uma espátula. Deixe o arroz embaixo do ventilador por cerca de 10 minutos, até que esfrie a uma temperatura ambiente, ou 24º-28ºC. Agora o arroz está pronto para ser usado. Se necessário, você poderá armazená-lo até quatro horas em temperatura ambiente, mas não o resfrie.

sashimi

Sashimi é o peixe de melhor qualidade e mais fresco servido cru. A técnica de corte é vital, porque o corte está no cozimento. Tudo deve ser fatiado no viés, de modo que você corte através das fibras para fazer o peixe tenro. Paciência e prática podem fazer qualquer novato um mestre do sashimi. Todas as receitas neste capítulo são para quatro pessoas, assumindo que você esteja servindo-as combinadas com outro prato, ou como um iniciante de cursos.

cortando peixes grandes em partes

Nas imagens da página ao lado estamos trabalhando com um lado inteiro de salmão. Contudo, você pode usar a mesma técnica para os lados de outros peixes redondos e grandes como o cauda amarela.

1. Divida o lado do salmão em três, cortando ao longo da linha da espinha, de forma cruzada no final da calda. Separe a cauda (você pode congelá-la ou calcá-la) para usar em outro prato. O filé retangular mais grosso (à esquerda) é para o sashimi, e o lado triangular mais fino (à direita) é para o nigiri.

2. Corra suas mãos gentilmente ao longo do filé do sashimi para esticá-lo. Use uma faca para aparar qualquer carne marrom tão fina quanto possível.

3. Apare o filé de sashimi por ½ a 1 cm de cada lado para dar um bloco retangular arrumado. Guarde os aparos e a carne marrom para usar em outro cozimento.

4. Ao cortar o peixe em fatias para o sashimi, faça cortes de viés. Isto significa cortar as fatias na diagonal ao longo do filé e ao mesmo tempo, cortá-las em um ângulo vertical, sempre trabalhando ao longo das linhas brancas da carne. Tipicamente, um ângulo de 45 graus é necessário, mas como as linhas do peixe variam, você pode ter que reposicionar a faca periodicamente, de modo que você mantenha cortes através das linhas brancas.

5. Para o nigiri, pegue a porção de nigiri ao lado do peixe e corte em blocos de cerca de 6 cm. Pegue o primeiro pedaço e gire-o para que a carne marrom esteja mais próxima à tábua. Cuidadosamente apare a carne marrom fatiando debaixo do peixe colocando a tábua tão perto da superfície quanto possível.

6. Fatie o bloco aparado em pedaços nigiri através do viés, cortando diagonalmente com uma faca de ângulo de 45 graus.

sashimi clássico de salmão

rendimento • • • •

400 g de salada mooli (veja página 45)
400 g de bloco de sashimi de salmão
100 g de folhas de salada baby mista

para servir
wasabi, gengibre em conserva e molho de soja

Primeiro faça a salada mooli usando a receita da página 45 e a coloque na geladeira. Apare o bloco de salmão em cada lado, guardando as partes tiradas para outro prato. Corte 20 pedaços de peixe no estilo de sashimi (veja página 19), fatiando ao longo do viés.

Organize as folhas de salada nos pratos a serem servidos e cubra com a salada mooli. Coloque cinco pedaços de peixe em cada prato e sirva com wasabi, gengibre conserva e molho de soja ao lado.

tártaro de salmão com cebolas, yuzu tobiko e feng mayo

rendimento • • • •

200 g salada mooli (veja página 45)
2 colheres de sopa de Feng mayo (veja página 44)
1 pepino
320 g de bloco de sashimi de salmão
4 fios de cebolinha verde finamente picados
1 colher de sopa de suco yuzu
1 colher de sopa de molho ponzu
pimenta preta em pó fresca
4 colheres de sopa de yuzu tobiko
um pouco de cebolinha para decorar

para servir
wasabi, gengibre em conservas e molho de soja

Faça uma meia porção de salada mooli na página 45, então prepare o Feng Mayo como descrito na página 44. Descasque o pepino longitudinalmente em longas tiras, mantendo apenas a casca para usar nesta receita – guarde a polpa que sobrar do pepino para usar em um outro prato. Corte o salmão em pequenos cubos com cerca de 1/2 cm cada.

Em uma vasilha de mistura, combine o mayo, as cebolas primavera, o suco yusu e o molho ponzu. Mexa o salmão e coloque um pouco da pimenta preta em pó fresca. Deixe de lado por 4 minutos para deixar a acidez cítrica cozinhar o salmão. Em seguida, transfira a mistura para uma peneira para remover o excesso de líquido e assegure-se que o peixe não cozinhe demais. Gentilmente agite no yuzu tobiko.

Organize a salada mooli para servir pratos. Floreie as tiras de pepino para parecer um ninho de pássaros e coloque-as no topo. Coloque uma colher de tártaro de salmão (molde-o em uma colher) ou se desejar, utilize um molde de arroz em formato de triângulo. Decore com cebolinha e sirva com wasabi, gengibre em conserva e molho de soja.

sashimi de *yellowtail* verde

rendimento • • • •

Como a maioria dos *yellowtail* é importada congelada, você precisará descongelar na geladeira durante a noite. Enxágue o peixe sob água corrente e seque com papel toalha antes de cortar em filés. Se o *yellowtail* não estiver disponível, você pode substituir por atum, salmão ou robalo.

400 g de salada mooli (veja página 45)
320-400 g de bloco de sashimi *yellowtail*
cerca de 10 g cebolinha
cerca de 40 g de manjericão
50 g de folha de rúcula
1 maço de agrião

para o molho
50 ml de Feng Pesto (veja página 44)
2 colheres de sopa de molho ponzu
1 colher de sopa de mel
2 colheres de chá de molho de soja

para servir
wasabi, gengibre em conserva e molho de soja

Primeiro faça a salada mooli usando o método da página 45 e coloque-a na geladeira para frisar.

Para fazer o molho, prepare o Feng Pesto se você já não o tiver preparado (veja página 44). Em seguida, pegue uma porção de 50 ml dele e misture com o molho ponzu, o mel e o molho de soja. Coloque em uma garrafa de compreensão pronta para caber o sashimi.

Drene a salada mooli e organize-a em pratos para servir. Corte o peixe em 20 pedaços no estilo sashimi e organize cinco fatias do peixe no topo de cada porção da salada mooli.

Corte a cebolinha em pedaços de cerca de 10 cm de comprimento e organize-as rusticamente no topo do sashimi.

Coloque as folhas de manjericão sobre a superfície de trabalho de modo que elas fiquem sobrepostas. Coloque a rúcula formando uma linha no meio e enrole as ervas firmemente como um grande charuto. Fatie o rolo muito finamente na diagonal e organize o manjericão e as rúculas no topo das cebolinhas. Decore com as folhas de agrião.

Chuvisque um pouco de molho sobre cada porção do sashimi e sirva o resto ao lado com o wasabi, gengibre em conserva e molho de soja.

sashimi de salmão seco com pimenta preta e crosta de gergelim

rendimento • • • •

Esta é uma variante muito popular do sashimi simples. Gosto de incorporar crocância, calor e sabor pela adição de uma crosta de gergelim e de pimenta, que também lhe confere um status saudável. A receita também pode ser feita com atum e/ou sopa de macarrão somen com espinafre.

100 g de semente de gergelim branca e preta
2 colheres de sopa de pimenta preta
uma pitada de sal marinho
400 g de bloco de sashimi de salmão
400 g de salada mooli (veja página 45)
2 colheres de chá de óleo de gergelim
2 colheres de chá de azeite de oliva
100 g de folhas de salada baby mista

para o molho
20 g de gengibre fresco, picado fino
1 cebolinha verde, picada fina
100 ml de molho de soja
50 ml de mirin
4 colheres de chá de mel corrente

para servir
wasabi e gengibre em conserva

Esmague junto, as sementes de gergelim, a pimenta preta e o sal usando um pilão, então espalhe a mistura em uma bandeja rasa. Prepare o bloco de sashimi em casa usando as instruções da página 18 e corte o bloco em dois pedaços. Pressione a mistura do gergelim sobre o peixe de modo que os quatro lados de cada bloco estejam bem revestidos. Deixe de lado.

Faça a salada mooli de acordo com as instruções na página 45 e coloque na geladeira para esfriar. Para fazer o molho, combine todos os ingredientes em uma vasilha de mistura.

Em panela de fritura, aqueça o gergelim e o azeite de oliva juntos. Quando estiver fumegando, frite cada bloco do salmão por no máximo 1 minuto de cada lado, apenas para endurecer as bordas. Retire o peixe do calor e deixe de lado para descansar.

Arrume as folhas verdes da salada mooli anteriormente escorridas em quatro pratos. Corte cada bloco do salmão em cinco pedaços, fatiando de forma diagonal no estilo sashimi, depois coloque o peixe no topo da salada mooli. Sirva com molho, adicione o wasabi e o gengibre em conserva.

Sashimi de *yellowtail* invertido com pimenta-jalapenho com acelga em conserva

rendimento ••••

sashimi

Comida japonesa é frequentemente posta no mesmo podium da cozinha peruana, brasileira e mexicana. E realmente não é de se admirar: a paixão e o aspecto caloroso do alimento sul-americano é um complemento perfeito para a natureza controlada da culinária japonesa. Me detive nessa idéia de "sashimi invertido" para garantir que o *yellowtail* não ficasse super marinado. Esta é a bailarina do sashimi. Há que se ter habilidades de equilíbrio para montar este prato, mas o resultado é impressionante.

20 g wakame secos
um punhado de coentro
50 g de pimentão verde
1 pepino
1 abacate maduro
320-400 g de sashimi *yellowtail*

para vestir o kimchee
40 ml de suco yuzu
4 colheres de sopa de molho de ponzu
4 colheres de sopa de base kimchee

Coloque o wakame em uma cesta, cubra com água fria e deixe de lado para reidratar. Enquanto isso, corte 24 perfeitas folhas de coentro e deixe de lado em um pedaço de papel toalha.

Corte o pimentão finamente, usando luvas e usando uma tábua de corte exclusivamente para pimentões. Corte o pepino em 20 fatias de ½ cm de grossura.

Descasque o abacate e divida-o em quatro. Apare e descarte as pontas de cada quarto, depois, corte cada pedaço diagonalmente em 5 fatias. Drene o wakame reidratado em uma peneira.

Para fazer o tempero do kimchee, misture o suco yuzu, com o molho à base de kimchee em uma tigela pequena e coloque em um recipiente pronto para decorar.

Prepare o *yellowtail* seguindo as técnicas apresentadas na página 18. Corte cada bloco diagonalmente para render 20 pedaços no estilo sashimi.

Organize uma fileira de 5 fatias de pepino em cada prato. Cubra com o *yellowtail*, então organize um pequeno cacho de wakame em cada pilha e espalhe os pimentões. Equilibre um pedaço de abacate no topo, chuvisque com o tempero e termine cada pilha com uma folha de coentro.

Dica: se o peixe for grande, você pode conseguir um melhor rendimento dividindo o lado do sashimi pelo meio, ao invés de aparar cada lado para gerar um bloco de sashimi. Desse modo, você poderá comprar apenas meio filé, então use o lado nigiri e guarde os cortes para outras receitas. Contudo, lembre-se que se o peixe tiver sido congelado, você não deverá congelar as partes não utilizadas.

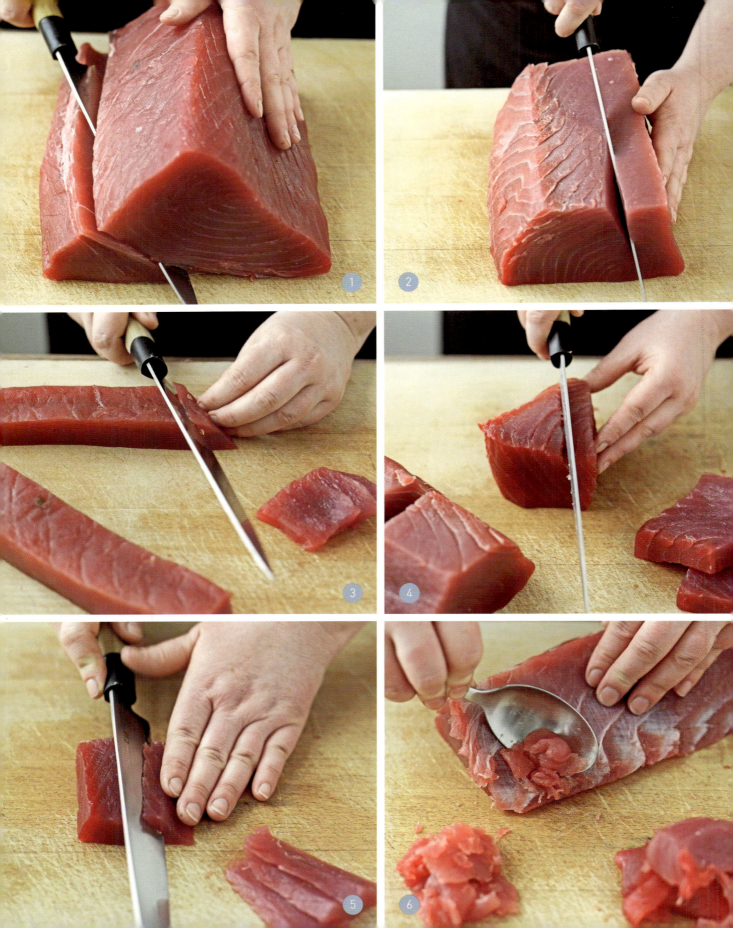

sashimi

cortando o lombo do atum

Atuns adultos maduros são espécimes excepcionalmente grandes, por isso aqui nós estamos trabalhando com um corte médio de lombo de atum.

1. Você verá uma camada de tecido através do lombo. Vire o peixe de modo que a linha de tecido esteja próxima da borda e corte o lombo reto, seguindo a linha da camada, de modo que a carne debaixo dela seja retirada do filé. Deixe o corte ao lado.

2. Corte uma grande fatia de 3 cm ao longo do lado mais magro do lombo. Este pedaço é usado para sashimi, o remanescente do lombo é usado para o nigiri. Leve o pedaço de sashimi e corte de comprido para dar três longos filés medindo cerca de 3 cm de largura e 3 cm de profundidade. Apare o quanto necessário para gerar blocos retangulares, guardando as partes não utilizadas para fazer o maki.

3. Corte cada bloco em pedaços de sashimi, cortando diagonalmente ao longo do bloco e para baixo em um ângulo de 45 graus.

4. Para o nigiri, corte o lombo de atum remanescente em blocos gerenciáveis de cerca de 6 cm de largura. Vire cada bloco de lado e corte em lardos pedaços de 1,5 cm.

5. Pegue cada pedaço de atum e corte o lombo em pedaços nigiri, trabalhando para baixo em um ângulo de 45 graus. As peças de nigiri terminadas deverão medir cerca de 6x3 cm e apenas 2 mm de grossura.

6. As partes cortadas podem rapidamente virar atum picado. Para fazer isso, use uma colher de metal para cuidadosamente raspar a carne fora do lombo do tecido branco.

sashimi clássico de atum

rendimento ● ● ● ●

400 g de salada mooli (veja página 45)
400 g de sashimi de atum albacora
100 g de folhas de salada baby mistas

para servir
wasabi, gengibre em conservas e molho de soja

Prepare a salada mooli seguindo as instruções na página 45 e coloque na geladeira para esfriar.

Apare o lombo de atum em blocos, guardando as partes não usadas para outro prato. Trabalhando no viés, corte o bloco de atum em 20 pedaços no estilo sashimi (veja página 26).

Organize as folhas de salada nos pratos a serem servidos e cubra com a salada mooli drenada. Coloque cinco pedaços de sashimi de atum no topo de cada salada e sirva com wasabi, gengibre em conservas e molho de soja ao lado.

sashimi

tártaro de atum com ponzu, cebolinha e caviar
rendimento ● ● ● ●

Este é o modo ideal para usar o resto do atum e fazer um início perfeito.

200 g da salada mooli (veja página 45)
2 colheres de sopa Feng Mayo (veja página 44)
1 pepino
350 g de atum sashimi do tipo albacora
4 cebolinhas, apenas as folhinhas, picadas
4 colheres de sopa do molho ponzu
2 colheres de sopa de sementes de papoulas
50 g de tobiko yuzu
50 g de caviar avruga
pimenta preta em pó fresca

para servir
wasabi, gengibre em conserva e molho de soja

Primeiro prepare meia quantidade de salada mooli na página 45 e coloque na geladeira para esfriar. Se você ainda não tiver feito, faça o Feng Mayo como descrito na página 44.

Descasque o pepino de forma comprida, mantendo a pele e reservando a polpa para usar em outra receita.

Pique o atum, descartando qualquer tecido branco. Coloque em uma vasilha de mistura e acrescente as folhas das cebolinhas. Misture em 2 colheres de sopa de Feng Mayo, além do molho ponzu, das sementes de papoula, tobiku yuzu, o caviar Avruga e um pouco da pimenta preta em pó fresca e deixe descansar por 2 minutos.

Drene a salada mooli e organize em 4 pratos para servir. Floreie as tiras do pepino de modo que pareçam um ninho de pássaro e coloque na salada mooli. Forme o tártaro de atum usando um molde tal qual o molde triangular de arroz e cuidadosamente coloque cada porção no topo do ninho de pepino. Sirva com wasabi, gengibre em conserva e molho de soja.

sashimi pici-pici

Pici-pici significa um tapinha amigável no rosto e é o prato final do ditado Feng: "Se o nosso peixe estivesse bem fresco, tínhamos que dar uns tapinhas nele". Um sashimi misto como esse é uma oportunidade para mostrar nossas habilidades de inspiração e esculpir. Use o melhor e mais fresco peixe disponível e tantas espécies locais quanto possíveis. Aqui estou usando salmão, atum, cavala e ikura (ovas de salmão), mas peixes como badejo, o besugo, o pargo e *yellowtail* também combinarão perfeitamente.

rendimento ● ● ● ●

400 g de salada mooli (veja página 45)
200 g de sashimi de salmão
200 g de sashimi de atum albacora
160 g de cavala marinada (veja página 33)
120 g de ikura (ovo de salmão)

para servir
wasabi, gengibre em conserva e molho de soja

Primeiro prepare a salada mooli seguindo as instruções da página 45 e coloque na geladeira para esfriar.

Corte todos os peixes em pedaços sashimi seguindo as técnicas da página 19, 26 e 33 respectivamente. Você precisará de doze fatias de cada peixe. Guarde qualquer pedaço descartado para fazer rolos de maki ou tártaro.

Drene a salada mooli e divida entre os quatro pratos. Organize três pedaços de salmão de modo que eles sobreponham e coloque-os juntos no prato. Repita com o atum e a cavala e coloque um quarto do ikura dentro de cada prato. Sirva com o wasabi, o gengibre em conserva e o molho de soja.

Dica: também gosto de servir esse prato com folhas novas de salada mista. Para fazer isso, divida 100 g de salada entre os pratos, cubra com a salada mooli, espalhe o peixe e termine com ervas frescas tais como shiso, cebolinha ou coentro.

sashimi

preparo da cavala e de outros peixes pequenos e redondos

Marinar uma cavala e outro peixe pequeno redondo ajuda a conservar a carne, deixando-a segura para comer e fácil de cortar. A cavala cultivada não precisa ser marinada: corte-a em filés na mesma maneira e depois remova a pele.

1. Comece com um peixe que tenha sido eviscerado e tenha tido sua cabeça removida. Corte ao longo das costas e barriga do peixe, até a espinha. Depois segure o peixe plano contra a tábua e, mantendo a faca na horizontal, corte horizontalmente ao lado da espinha para desprender o file no topo. Repita do outro lado.

2. Trabalhando em um ângulo de 45 graus, apare a camada de tecido branco fina, mantendo o máximo de carne no filé quanto for possível.

3. Use uma pinça para remover os ossos deixados no filé.

4. Coloque os filés do lado da pele para baixo em uma bandeja de cozer ou similar e chuvisque sal marinho grosso sobre ele. Coloque o peixe de lado por 30 minutos, então enxágue o sal e bata de leve os filés com papel toalha.

5. Coloque 300 ml vinagre de sushi, 20 ml de molho de soja e um pedaço de kombu em um prato grande. Coloque os filés com o lado da pele para cima na mistura e deixe marinar por 20 minutos. Posicione uma tábua de corte em um ângulo colocando um prato virado para baixo sobre o outro lado. Coloque os filés marinados na tábua para drenar uns poucos minutos.

6. Reposicione a tábua para que ela esteja plana. Começando com a ponta de baixo de cada filé, cuidadosamente descasque a pele externa branca semelhante ao papel, deixando a pele modelada prata no filé. Fatie o peixe em pedaços de sashimi e nigiri trabalhando diagonalmente ao longo do filé branco ao mesmo tempo em que corta para baixo em um ângulo de 45 graus.

sashimi de badejo com óleo de malagueta

rendimento • • • •

Para esse prato eu saboreio o badejo jovem, já que ele tem carne mais firme do que peixes mais velhos. Use um bom badejo cultivado sustentavelmente ou, se você estiver usando um peixe comum, congele os filés de badejo por algumas horas para eliminar quaisquer contaminações de vermes ou parasitas de peixe. O badejo é um peixe que se mantém bem mesmo quando comprado em filé, então você poderia pedir ao peixeiro para fazer o trabalho duro. O óleo de malagueta precisa ser feito pelo menos um dia antes de ser servido e durará por até dois meses, se armazenado em um recipiente frio ou na geladeira.

400 g de salada mooli (veja página 45)
pequeno maço de coentro
100 g de folhas de salada baby mista
2 badejos pequenos médios

para o óleo de malagueta
6 pimentas vermelhas grandes
200 ml de óleo de oliva

para servir
wasabi, gengibre em conserva e molho de soja

Para fazer o óleo de malagueta: corte as pimentas ao meio, abra e descarte as sementes e corte a polpa em pedaços grossos. Coloque a pimenta em uma forma ou assadeira rasa refratária, cubra com óleo de oliva e asse a 70°C por uma hora. Deixe descansar por um dia, então, estique a mistura e decante o olho em garrafa de compressão.

Prepare a salada mooli seguindo a receita na página 45 e coloque na geladeira para esfriar. Enquanto isso, pegue 20 folhas perfeitas do maço de coentro e coloque-as de lado em um pedaço de papel toalha.

Divida as folhas da salada entre os quatro pratos e cubra com a salada mooli drenada.

Corte o badejo em filés usando a técnica na página 32 e tire a pele dos filés. Corte cada filé do badejo para render 5 a 6 pedaços por filé. Coloque um filé inteiro do badejo em cada prato, organizando os pedaços de modo que eles se sobreponham um ao outro.

Insira uma folha de coentro simples entre cada pedaço do peixe, depois, chuvisque o óleo malagueta e sirva com wasabi, gengibre em conservas e molho de soja.

Dica: óleos de malagueta já prontos de muito boa qualidade são largamente disponíveis. Eu gosto da marca Japonesa La-Yu, feita de S&B.

sashimi de cavala do Sr. Shibushi

rendimento • • • •

Este é meu tributo para o meu mentor de peixe Sr. Shibushi, que sempre cuida de mim quando eu estou em Tóquio. Vamos juntos ao mercado de peixe pela manhã, conversamos com os melhores tratadores de atum e comemos o sashimi de atum mais fresco que eu já tive, servido com café preto forte em um dos estandes de pequenos sushis que rodeiam o mercado. Eu pegarei um peixe que eu acho interessante. Então, retornaremos para a Casa Quarter, em Akasaka, e Sr. Shibushi conversará comigo sobre cada passo de preparo desse peixe. Eu falo muito pouco de japonês, mas a comida é uma língua internacional. "Observar e aprender" tem ensinado a mim alguns dos princípios fundamentais de como desenvolver a habilidade de cortar peixes. Desde que encontrei o Sr. Shibushi em Londres em 1994 e ele me ensinou o mooli esculpido a mão, o mundo da cozinha japonesa se revelou para mim, e me fez perceber que esta é a minha jornada de vida, sempre com novas áreas e técnicas a serem exploradas. Minha gratidão é imensa.

4 cavalas marinadas (veja página 32-33)
400 g salada mooli (veja página 45)
100 g de folhas de salada baby mista
12 cebolinhas longas
1 maço de agrião shiso
50 g de gergelim misto (preto e branco)

para servir
wasabi, gengibre em conserva e molho de soja

Marine a cavala usando as técnicas descritas nas páginas 32-33. Enquanto isso, prepare a salada mooli seguindo a receita na página 45 e coloque na geladeira para esfriar.

Puxe a membrana clara de cada filé de cavala e corte no viés para render 7-8 pedaços por filé.

Divida as folhas de salada entre os quatro pratos e coloque a salda mooli no topo. Organize a cavala no topo do mooli de modo que os pedaços de peixe se sobreponham um ao outro.

Decore cada prato de sashimi com três lanças de cebolinha, um ramo de agrião shiso e, finalmente, espalhe sementes de gergelim branco e preto. Sirva a cavala com o wasabi, gengibre em conservas e o molho de soja.

sashimi de vieiras

rendimento ● ● ● ●

As vieiras são particularmente saborosas durante os meses de inverno devido à temperatura fria do mar, o que faz delas tanto mais frescas como mais seguras. É digna a espera por esses pedaços de carne suculentos. Dói caminhar ao longo do porto e ver grandes redes de pesca de ferro enferrujadas usadas para a pesca das vieiras, já que eles literalmente raspam do fundo do mar a vida e deixam apenas um rastro de destruição. A pesca de vieiras dessa forma é desnecessária e o produto final não é nem congelado nem mantido em conserva, tranformando-as em grandes bolas fofas. Eu apenas usarei vieiras pegas em mergulho, o que faz delas um pouco complicadas de serem pegas se a temperatura estiver muito fria ou se o mar estiver rude – condições que são ruins para o mergulho. Esta simples receita ilumina a textura suculenta da vieira verdadeiramente fresca. Compre-os prontos do melhor peixeiro em sua área.

400 g de salada mooli (veja página 45)
punhado pequeno de coentro
8 vieiras
40 ml de azeite de oliva
4 colheres de chá de óleo de gengibre
50 g de gergelim misto (preto e branco)
2 cebolinhas fatiadas

para servir
wasabi, gengibre em conservas e molho de soja

Prepare a salada mooli seguindo a receita na página 45 e coloque na geladeira para esfriar. Pegue as folhas de coentro e coloque-as ao lado em um pedaço de papel toalha.

Limpe as vieiras quando necessário, removendo os intestinos e corais. Enxágue e seque levemente com papel toalha. Fatie todas as vieiras horizontalmente em três discos.

Drene o molho mooli e divida-o entre os quatro pratos. Organize seis pedaços de vieira de modo que eles se sobreponham um ao outro e coloque-os no topo da salada mooli.

Em uma pequena caçarola, aqueça os óleos de oliva e gengibre juntos até que o ponto esfumaçado seja alcançado. Goteje o óleo sobre o sashimi. Polvilhe com as sementes de gergelim preta e branca, com as folhas de cebolinha e coentro. Sirva com wasabi, gengibre em conserva e molho de soja.

ceviche de camarão

rendimento ● ● ● ●

sashimi

Como acontece com todos os mariscos, frescor é a palavra-chave. Esta receita não é estritamente um ceviche, mas o nome não enfatiza a importância de usar somente os mariscos de melhor qualidade e o mais fresco. O termo "tamanho 16/20" significa que haverá 16 a 20 mariscos por quilograma.

200 g salada mooli (veja página 45)
20 camarões tigres, tamanho 16/20
½ pepino
2 talos de aipo
1 cebola vermelha pequena, fatiada
1 grapefruit rosada

para o ceviche marinado
2 maracujás
4 colheres de chá de molho ponzu
1 colher de sopa de vinagre de vinho tinto
1 colher de sopa de mel

Se você ainda não fez, faça meia quantia da salada mooli na página 45 e coloque na geladeira para esfriar.

Descasque os camarões e remova os resíduos intestinais. Perfure cada um com um espeto em sentido longitudinal, de forma a esticar o corpo (veja figura página 71). Cozinhe os camarões abertos por 4 minutos em uma panela com água salgada fervente, em seguida, mergulhe imediatamente na água fria para ajudar a preservar a cor e o sabor.

Para o ceviche marinado: abra ao meio os maracujás, tire as sementes e faça o suco em uma vasilha. Acrescente o molho ponzu, o vinagre, o mel e agite bem.

Quando os camarões tiverem esfriado, remova os espetos e coloque cada camarão diagonalmente em quatro pedaços. Acrescente-os ao ceviche marinado e deixe de lado por 10 minutos.

Corte o pepino ao meio e tire a semente. Corte diagonalmente dentro de fatias finas e coloque em uma tigela. Corte o aipo em fatias muito finas com cerca de 4 cm de comprimento e o acrescente à tigela com a cebola finamente cortada. Descasque, segmente a grapefruit e adicione os gomos na tigela.

Adicione metade da mistura do camarão a salada e misture gentilmente. Divida entre os quatro pratos, em seguida cubra com os camarões remanescentes. Use o excesso marinado como uma vestimenta da salada e chuvisque sobre o peixe antes de servir.

saladas

As saladas japonesas tradicionais tendem a ser pequenas e saborosas, incluem ainda alguns ingredientes como a alga marinha, o picles, o mooli, o espinafre e as sementes de gergelim, e têm uma bonita apresentação. Contudo, no Japão observa-se um aumento consideravel na utilização de alguns vegetais como o tomate-cereja e o pimentão para ser triturado e servir como tempero. O meu princípio, quando desenvolvi saladas para o Feng Sushi, é que devemos incluir pelo menos três ingredientes japoneses, mas as receitas simples e saudáveis que seguem também têm um tom europeu.

Salada de batata Ikura

tempero dashi

rende 150 ml

1 colher de sopa de pó dashi
1 colher de sopa de mel
2 colheres de molho de soja
2 colheres de chá de vinagre sushi
1 colher de chá de pasta wasabi
2 colheres de sopa de óleo de oliva
2 colheres de sopa de óleo de girassol
4 colheres de chá de óleo de gergelim

Combine o dashi, o mel, o molho de soja, o vinagre de sushi e o wasabi em uma pequena vasilha ou copo de processador de comida e misture brevemente. Combine os óleos de oliva, girassol e gergelim e gradativamente acrescente-os à mistura dashi, misturando até ficar suave. Este tempero pode ser conservado por uma semana na geladeira.

tempero da ilha milenar japonesa

rende 250 ml

200 ml de Feng Mayo (veja página 44)
4 colheres de chá de água natural
4 colheres de chá de suco yuzu
2 colheres de chá de kimchee

Faça uma quantia de Feng Mayo conforme descrito na receita na página 44. Em seguida, acrescente a água natural, o suco yuzu e o kimchee ao processador de comida e continue misturando por 1 minuto ou até a mistura ficar suave. Este tempero pode ser mantido por cinco dias na geladeira.

vinagrete japonês

rende 200 ml

2 colheres de sopa de suco yuzu
2 colheres de sopa vinagre sushi
1 colher de sopa de pasta wasabi
2 colheres de chá de molho de pimenta doce, ou 1 colher de mel
100 ml de óleo vegetal, de girassol ou de semente de uva
50 ml de óleo de oliva extravirgem

Combine o suco de yuzu, o vinagre, o wasabi e a pimenta doce ou mel em uma pequena cesta ou copo de processador e mexa até que a mistura esteja suave e verde clara.

Misture os dois óleos em uma caneca de medida, depois acrescente gradualmente a mistura wasabi enquanto a máquina estiver funcionando. Bata até que o tempero tenha uma consistência similar ao vinagrete francês. Este tempero pode ser mantido até duas semanas na geladeira.

tempero missô

rende 200 ml

1 chalota fatiada
1 dente de alho grande, fatiado
3 colheres de sopa de pasta de missô branco
suco de 1 limão
1 colher de sopa de mostarda de grão inteiro
2 colheres de sopa de óleo de semente de abobora ou de gengibre
1 colher de chá de vinagre balsâmico
½ colher de sopa de mel
70 ml de óleo de girassol
2 colheres de sopa de óleo de oliva extravirgem

Coloque a chalota e o alho em um pequeno processador com o missô, suco de limão, mostarda, óleo de semente de abóbora (ou gergelim), o vinagre balsâmico, o mel e misture brevemente para combinar.

Misture os óleos de girassol e oliva no copo do liquidificador. Em seguida ligue o liquidificador e adicione gradualmente os óleos à mistura missô, misturando até que o tempero tenha a consistência de uma vinagrete grosso – você não precisará de todo o óleo. Este tempero pode ser mantido na geladeira por uma semana.

tempero tahini

rende 200 ml

180 ml de creme de leite fresco
suco de ½ limão
1 colher de sopa de tahini
1 colher de sopa de mel
1 colher de sopa de cominho
punhado de pimenta de Caiena
sal fresco e pimenta

Combine todos os ingredientes em uma vasilha de mistura e bata até ficar bem misturado. Este tempero pode ser mantido por três dias na geladeira.

molho escandinavo de endro

rende 200 ml

100 g de raminhos de endro (funcho) fresco
180 ml de creme de leite fresco
suco de ½ limão
1 colher de chá de pasta wasabi
½ colher de chá de açúcar refinado
sal fresco e pimenta

Descarte os caules do endro, mergulhe o restante em água fria e seque com um pano de prato. Pique o endro e coloque em uma vasilha para misturar. Acrescente o creme de leite fresco, o suco de limão, o wasabi, o açúcar, o sal, a pimenta e misture tudo. Este molho pode ser mantido por três dias na geladeira.

teriyaki simples

rende 250 ml

125 ml de molho de soja
70 ml mirin
70 ml de saquê
100 g de açúcar caster
2 a 3 colheres de chá de farinha de milho

Gentilmente aqueça o molho de soja, o mirin, o saquê e o açúcar em uma pequena caçarola, estando certo de não deixar ferver, já que isso deixaria o molho de soja preto e granulado. Enquanto isso, em um pequeno prato, misture a farinha de milho com 20 ml de água fria.

Quando o açúcar tiver dissolvido no líquido de soja, adicione um terço do caldo da farinha de milho, batendo constantemente enquanto você o faz. Repita esse processo até que a mistura da soja esteja suave como seda e tenha uma consistência similar para dobrar o creme. Deixe o tempero esfriar. Em seguida armazene na geladeira, onde ele pode ficar por até duas semanas.

Dica: o molho teriyaki irá engrossar depois de uns dias na geladeira, então coloque em uma caçarola sobre fogo baixo, adicione um borrifo de molho de soja e uma salpicada de mirin e dê uma boa mexida para retornar o molho à consistência suave de seda.

feng mayo

rende 200 ml

1 ovo fresco inteiro
2 gemas
2 colheres de sopa de açúcar
2 colheres de chá de vinagre sushi
100 ml de óleo vegetal, semente de uva ou girassol
50 ml de óleo de oliva extravirgem

Combine o ovo inteiro, as gemas, o açúcar e o vinagre de sushi em uma vasilha ou copo de processador e misture até ficar branco e fofo. Misture os dois óleos juntos em uma caneca e adicione a mistura do ovo gradualmente, enquanto a máquina está funcionando, para render uma maionese ainda mais rica. Este tempero poderá ser mantido por até três dias na geladeira.

Dica: eu aconselho usar ovos frescos de locais livres de salmonela, contudo, é geralmente recomendado que as pessoas grávidas ou com saúde vulnerável evitem pratos contendo ovos crus.

feng pesto

rende 200 ml

50 g de pinhões
100 g de coentro
80 g de manjericão
1 dente de alho grande
2 colheres de chá de pimenta doce ou 1 colher de chá de mel.
2 colheres de sopa de óleo vegetal, semente de uva e girassol
4 colheres de chá de óleo de oliva extravirgem

Toste os pinhões em uma panela seca sobre calor médio, agitando frequentemente, até dourar. Transfira os pinhões para papel toalha para esfriar. Coloque as ervas em um processador de comida com os pinhões tostados, o alho e a pimenta doce (ou mel).

Combine os dois óleos em um pequeno prato. Ligue a máquina e acrescente gradualmente os óleos, misturando até que o pesto esteja bem misturado – você pode não precisar de todo o óleo. Este pesto poderá ser mantido por até três dias na geladeira.

Dica: as ervas podem ser substituídas por salsa, cerefólio, cebolinha ou rúculas. Eu não acrescento parmesão a este pesto já que o queijo subjuga o peixe cru.

saladas

salada mooli rendimento • • • •

Mooli, algumas vezes chamado de daikon ou rabanete chinês, é um rabanete branco e grande, tradicionalmente usado para acompanhar o sashimi. É uma importante parte do balanço da comida japonesa, já que ele ajuda na digestão e queima de gordura, é rico em vitamina C e pode até prevenir azia. Também é muito saboroso. Eu gosto de acrescentar pepino para padronizar a salada mooli com cor extra e crocância, e ralo ambos os vegetais usando uma faca japonesa que deixa longos caules que parecem bem empilhados nos pratos. Esta receita faz cerca de 400 g de salada.

1 mooli grande
1 pepino

Descasque o mooli e corte em quatro blocos. Coloque um bloco por vez no torneiro japonês, ou um mandolim e rale o moli em uma vasilha.

Corte o pepino em três e rale cada pedaço no torneiro ou mandolim, assim como fez com o mooli, descartando as sementes conforme você faz.

Cuidadosamente misture os vegetais e então cubra com água da torneira e acrescente um punhado de cubo de gelo. Coloque na geladeira por pelo menos 30 minutos.

Drene a salada mooli – deverá estar quase translúcido e muito crocante. Durará um dia coberto em água na geladeira, mas se você está fazendo de forma adiantada, esteja certo de dar umas lavagens debaixo de água corrente fria antes de drenar e servir, já que o rabanete desenvolverá um cheiro muito penetrante.

Dica: os torneiros japoneses estão disponíveis nos estabelecimentos mais requintados, eu prefiro usar a lâmina média, de modo que os vegetais não sejam tão grossos, mas que ainda tenham uma boa trituração.

salada de feijão japonês

rendimento ● ● ● ●

Edamame são jovens feijões de soja e uma excelente fonte de proteína. Disponível pronto e congelado em lojas e mercados asiáticos, eles são tradicionalmente servidos vaporizados em suas conchas com uma pitada de sal ou uma gota de mirin. Contudo, como esse prato mostra, eles também são um excelente ingrediente de salada. Como folhas de salada mista, necessárias para esta e as próximas receitas, escolha quais você prefere como a acelga, a mostarda vermelha, a mizuna, o espinafre e a rúcula. Tomates cereja são geralmente melhores do meio pro fim do verão e têm maior sabor quando comprados na videira.

100 g de folhas de salada mista
500 g de edamame congelada
200 g de feijões largos congelado
300 g de tomate-cereja da videira
300 g de queijo feta
pimenta em pó fresca

para servir
100 ml de tempero missô
(veja página 43)

Prepare o tempero missô usando o método descrito na página 43. Depois, decante o tempero em uma garrafa. Gentilmente lave as folhas de salada e deixe o resto em um coador.

Coloque uma chaleira de água para ferver. Coloque o edamame sem concha em uma cesta à prova de fogo e cubra com água quente da chaleira. Deixe o edamame mergulhado por 5 minutos e então drene em um coador e descasque os feijões assim que eles estiverem frios o suficiente para manusear.

Enquanto isso, ferva uma caçarola de água salgada e cozinhe o feijão congelado por 3 minutos. Drene e imediatamente mergulhe os feijões em água gelada para ajudar a reter sua cor verde brilhante. Lave os tomates cerejas e corte cada um na metade.

Em uma vasilha grande, combine as folhas da salada, o edamame, os feijões e os tomates. Esmigalhe o queijo feta sobre a salada. Chuvisque o tempero missô preparado e salpique com pimenta. Organize a salada em quatro pratos ou em uma saladeira e sirva como um almoço light.

salada de batata ikura

rendimento ● ● ● ●

Originária das Américas, as batatas permanecem um ingrediente relativamente estrangeiro na cozinha japonesa, embora elas tenham se tornado uma parte da dieta básica do norte europeu. Durante toda a minha infância, as primeiras batatas que cresciam a um tamanho possível de serem consumidas a cada ano eram esperadas com muita antecipação e ansiedade – era um verdadeiro sinal de que o verão estava chegando. Esta salada fica melhor com batatas novas tais como a Charlotte ou a Juliette.

1 kg de batatas
100 g de folhas de salada mista
500 g de edamame congelada
pequeno maço de cebolinha
tempero de meio limão
120 g de ikura (ovos de salmão)

para servir
100 ml de tempero endro scandinava (veja página 43)

Faça o tempero endro escandinavo de acordo com a receita da página 43 e deixe de lado. Cozinhe as batatas em água salgada ate ficarem macias. Drene e depois lave as batatas algumas vezes debaixo de água fria e deixe secar e esfriar por pelo menos uma hora.

Enquanto isso, prepare o resto dos ingredientes e coloque uma chaleira para ferver água. Lave as folhas de salada gentilmente em água fria em drene em um coador. Coloque o edamame sem concha em uma vasilha à prova de fogo e cubra com água quente da chaleira. Deixe por 5 minutos. Em seguida drene e descasque o edamame. Corte as cebolinhas em pedaços de 5 cm.

Quando as batatas estiverem prontas, corte-as pela metade e coloque em uma larga vasilha com folhas de salada, edamame, cebolinhas e o limão. Acrescente o tempero endro scandinavo e a ikura e sacuda bem. Organize em quatro pratos ou em uma saladeira e sirva como um almoço light.

saladas

salada de macarrão soba   rendimento • • • •

Macarrão soba é uma excelente alternativa de pastas em saladas. Estes tem um delicioso sabor e são particularmente saudáveis porque são feitos de trigo sarraceno, o que é uma fonte de carboidrato de liberação lenta. Esta salada é super simples, mas muito nutritiva.

100 g macarrão soba
100 g chasoba (chá verde de macarrão soba)
100 g pinhões
80 g rúcula
½ maço de cebolinhas

para servir
100 ml de vinagrete japonês (veja página 42)

Prepare o vinagrete japonês como instruído na página 42 e decante em uma garrafa de pressão.

Cozinhe as duas variedades de soba juntos em uma caçarola grande de água salgada fervida por 6 a 7 minutos, até que o macarrão esteja ao dente – macio, mas ainda duro ao morder. Drene o macarrão e mergulhe em água gelada por poucos minutos para ajudar a preservar o sabor. Em seguida os coloque em um coador debaixo de água corrente por um minuto ou mais, o que acrescentará brilho extra ao macarrão.

Torre os pinhões em uma panela seca sobre fogo médio, mexendo frequentemente até que estejam dourados. Transfira-os para um pedaço de papel toalha para esfriar.

Remova quaisquer caules grossos das rúculas, lave gentilmente e deixe de lado para drenar em uma peneira. Apare as cebolinhas e pique-as na diagonal.

Em uma grande saladeira, combine o macarrão, o vinagrete, os pinhões, a rúcula e as cebolinhas e agite bem antes de servir como um almoço light.

saladas

salada raio x   rendimento ● ● ● ●

Em 1999, quando abrimos o primeiro de nossos restaurantes, nós sentimos que o movimento de baixo ou nenhum carboidrato era algo para tomar cuidado. Em resposta, fizemos deliciosas saladas com mooli translúcida crocante, cheia de vegetais gloriosos e a nomeamos asssim, inspirados nas socialites magérrimas de **Fogueira das Vaidades**, de Tom Wolfe. Quando preparar a salada mooli, use um torneio ou mandolim japonês para o melhor resultado.

400 g de salada mooli (veja página 45)
500 g edamame congelado
2 abacates verdes, maduros e sem pele
2 pimentas doces grandes, idealmente uma vermelha e uma amarela
sementes de 1 romã
40 g de gengibre em vinagre picado
raspas de ½ limão
100 g de semente tostadas de gergelim preto e branco misturados (gergelim misto)

para servir
200 ml de vinagrete japonês (veja página 42)

Prepare o vinagrete japonês de acordo com a receita da página 42 e decante dentro de uma garrafa de pressão pronta para servir.

Faça a salada mooli como descrito na página 45 e coloque na geladeira para que o tempero seja absorvido. Enquanto isso, ponha uma chaleira com água para ferver. Coloque o edamame em uma vasilha à prova de fogo e cubra com água quente da chaleira. Deixe ficar por cinco minutos, depois drene e descasque os feijões.

Drene a salada mooli e divida entre os quatro pratos. Divida ao meio, tire o caroço e as cascas dos abacates. Então, corte a carne em cubos e organize livremente no topo da salada mooli. Corte as pimentas em pequenos juliennes em um ângulo e descarte quaisquer sementes ou carne branca. De novo, organize estes livremente no topo da salada mooli.

Borrife sobre as sementes de romã, edamame, gengibre, raspas de limão e sementes de gengibre. Chuvisque com o vinagrete japonês e sirva.

missô com salmão e sementes de papoula com batatas-doces rústicas

rendimento • • • •

Este é a minha tomada com peixe missô marinado. Para este eu uso uma boa quantidade de salmão cultivado ou mesmo salmão pescado, e é bom manter a carne marrom do salmão neste momento, já que ele será marinado e cozido. Batatas-doces são boas alternativas em relação às batatas normais já que elas contêm menos amido, mas também acrescentam uma doçura natural ao prato. Você precisará começar com esta receita uns dias antes de servir.

200 g de pasta missô branca
2 colheres de sopa de açúcar caster
2 colheres de sopa de mirin
2 colheres de sopa de sabe
400 g de filé de salmão
2 batatas-doces grandes
2 limões
100 ml de óleo de oliva
2 colheres de sopa de sementes de papoula
sal e pimenta
100 g de folhas de espinafre
óleo de oliva extravirgem, para chuviscar

Coloque a pasta missô, o açúcar caster, mirin e sabe em uma caçarola sobre fogo médio e mexa constantemente até os ingredientes estarem todos derretidos. Deixe de lado para esfriar.

Corte o salmão em cubos de 2 cm e coloque em um prato não reativo. Derrame a mistura de missô fria sobre o peixe e marine na geladeira por 2 a 3 dias.

No dia de servir, pre-aqueça o fogão em 250ºC. Corte as batatas-doces em cubos de 2 cm e coloque em uma bandeja de cozimento. Esprema o suco do limão e combine com o óleo de oliva, as sementes de papoula e um pouco de sal e pimenta. Coloque o tempero sobre as batatas-doces. Então, para um sabor extra, acrescente as cascas do limão na bandeja. Asse por 25 a 30 minutos ou até cozer por inteiro.

Pegue o salmão da geladeira e retire o marinado. Alinhe a bandeja do assado com papel impermeável e coloque o peixe sobre ele. Quando as batatas doces tiverem sido cozidas por 20 minutos, coloque a bandeja do peixe no forno, mude para 220ºC e continue cozinhando.

Divida o espinafre entre as vasilhas. Quando as batatas e o salmão estiverem cozidos, remova do forno e descarte as cascas do limão. Gentilmente misture o peixe e a batata-doce juntos e coloque no topo do espinafre. Chuvisque com um pouco de óleo de oliva extravirgem e sirva como prato principal.

patas de caranguejo com salada de macarrão udon

rendimento • • • •

Macarrão achatado seco trabalha melhor no almoço light ou um prato inicial. Udon seco é um primo japonês do talharim italiano e vem em finas tiras. Caranguejos inteiros podem ser usados para esta receita, mas eu prefiro usar uma boa carne de caranguejo já preparada e pasteurizada com qualidade como aquela vendida no Harvey's de Newlyn em Penzance. Isso faz com que a salada seja menos trabalhosa de se preparar, mas equitativamente saborosa.

120 g de macarrão udon seco
1 abacate verde sem casca maduro e grande
½ pepino
4 cebolinhas
200 g de carne de caranguejo

para servir
100 ml de tempero ilha milenar japonesa

Prepare o tempero da ilha milenar japonesa de acordo com a receita da página 42 e decante em uma garrafa de pressão.

Cozinhe o udon por 7 a 8 minutos em uma panela de água salgada fervente até que eles estejam ao dente, ou macio com certa crocância. Mergulhe o macarrão em água fria e o deixe de lado em coador.

Corte ao meio e descasque o abacate e corte a polpa em cubos de 1 cm. Corte o pepino de comprido ao meio, tire as sementes com uma colher de sopa e reparta a polpa finamente. Apare as cebolinhas e pique-as em um ângulo pequeno.

Pegue o caranguejo cuidadosamente, checando se há qualquer pedaço duro ou ossos. Coloque uma vasilha grande com o macarrão, metade do tempero de salada e todos os outros ingredientes. Agite bem e então sirva a salada em vasilhas individuais, chuviscando o tempero remanescente no topo.

saladas

salada de alga com tempero mooli, edamame e dashi

rendimento • • • •

Esta é uma comida de puro poder – todo ingrediente nessa salada tem propriedades de benefício à saúde. O Iodo natural da alga é bom para o metabolismo e limpa o sangue. Mooli ajuda a digestão e edamame é uma proteína de baixa gordura rica em fibras. A alga, o dashi e molho e a soja são todos categorizados sob o recentemente descoberto "quinto gosto" umami; melhor descrito como potenciais sabores naturais. Compre sua alga em lojas de saúde ou asiáticas, onde os produtos tais como um wakame e kaiso estão prontamente disponíveis em forma seca.

400 g de salada mooli (veja página 45)
50 g de alga seca mista
400 g de edamame congelado

para servir
120 ml de tempero dashi (veja página 42)

Prepare o tempero dashi seguindo a receita da página 42 e decante em uma garrafa de pressão. Então, prepare a salada mooli conforme instruções que estão na página 45 e deixe de lado em uma vasilha de água gelada para frisar.

Coloque a alga seca em uma vasilha, cubra com água fria da torneira e deixe embeber-se por 10 minutos. Enquanto isso, coloque uma chaleira de água para ferver. Coloque o edamame em uma vasilha grande à prova de fogo e cubra com água quente da chaleira. Deixe por 5 minutos.

Lave a alga em uma peneira e deixe de lado para drenar. Drene o edamame e remova os feijões das vagens assim que eles estiverem frios o suficiente para manusear.

Drene a salada mooli e organize em quatro pratos. Divida a alga e o edamame entre os pratos, depois, chuvisque com o tempero dashi e sirva imediatamente.

ceviche de cavala da cornualha com salada inspirada no oriente médio e molho cremoso de tahini

rendimento ● ● ● ●

Eu estava procurando um modo de combinar minhas duas comidas favoritas, grão-de-bico e cavala fresca, e vim com esta salada muito saborosa. Você pode usar grão-de-bico seco ou enlatado. Embeba 300 g em água fria durante a noite, depois, ferva em água sem sal por 40 minutos. Drene e mergulhe em água fria antes de proceder com a receita abaixo. É importante não acrescentar sal à água cozida já que ela evitará que os grãos-de-bico se tornem macios.

Prepare o tempero tahini de acordo com as instruções da página 43 e então prepare a cavala conforme as instruções que estão na página 33.

Corte o pepino em três blocos, de comprido pelo meio. Descarte as sementes e corte a polpa em julienne ou pequenos batons. Apare as cebolinhas, corte cada uma delas em três pedaços e pique em julienne.

Descasque a membrana fina dos filés de cavala. Pegue quatro dos filés e corte em finas tiras, cortando através do filé. Corte o remanescente pelo viés para render pedaços do estilo sashimi, cortando diagonalmente em um ângulo de 45 graus.

Em uma saladeira, misture as folhas, os grãos-de-bico drenados, o pepino, cebolinha e a cavala cortada fina com dois terços do tempero tahini.

Organize a salada em quatro pratos e ponha dois ou três pedaços de cavala sashimi no topo. Termine com um bocado de tempero e sirva como um almoço light ou entrada.

5 cavalas marinadas tamanho médio (veja página 33)
1 pepino
4 cebolinhas
100 g de folhas mistas
400 g de grãos-de-bico enlatados, drenados

para servir
120 ml de tempero tahini (veja página 43)

sushi-nigiri

Nigiri (porções de arroz de forma oval, pequenas e com uma cobertura) são frequentemente considerados como o rei do sushi. A palavra significa "prensado na mão", referindo ao caminho no qual o nigiri é formado.
No Japão, as coberturas clássicas são atum, cavala, camarão tigre e omelete tamago, entre outros, mas nos sushi-bar do nigiri, salmão ocidental é frequentemente a variedade mais popular. Há também uma versão chamada gunkan (significa bode), que consiste em bolas de arroz embrulhadas com nori e preenchidas com ovas tais como ovas de salmão ou ouriço-do-mar. Uma vez que você tenha conseguido a técnica básica, as possibilidades são infinitas. Para um sabor extra, eu gosto de tratar o peixe, fazer tamago com um enchimento saboroso, ou ainda coberturas como óleo de malagueta, pesto, ervas frescas e maionese caseira. Para um almoço ou jantar light para três ou quatro pessoas, vinte pedaços de nigiri sushi serão suficientes. Comece com duas ou três variedades e, quando você tiver a habilidade, experimente com diferentes sabores. As receitas que estão neste capítulo podem ser facilmente cortadas pela metade.

Nigiri de badejo com óleo malagueta e coentro

modelando o nigiri

Tradicionais chefes de sushi formam o nigiri inteiramente à mão, mas novatos podem alcançar resultados consistentes usando um molde. O arroz cozido fresco deve ser ter sido esfriado a 28ºC antes que você comece. Encha uma vasilha com água e acrescente um borrifar de vinagre – isso será usado para evitar que o arroz cole em suas mãos ou no molde.

1. Mergulhe suas mãos e o molde em água acidulada. Pegue um punhado de arroz e gentilmente pressione no molde nigiri, trabalhando levemente nos cantos. Não pressione forte ou o sushi ficará pesado demais. Eu acho que é melhor encher apenas quatro quintos do molde de modo que o nigiri não fique tão grande.

2. Junte as costas do molde, vire de ponta-cabeça e use seu polegar para raspar qualquer arroz perdido dos buracos.

3. Pegue as costas do molde e vire os blocos de arroz na tábua, batendo gentilmente através dos buracos para liberar o arroz.

4. Com o topo de sua mão, aplique uma camada fina de wasabi na parte inferior do topo. Pegue o bloco de arroz usando sua outra mão e gentilmente remodele colocando seus dedos e polegar ao redor e apertando três ou quatro vezes. Isso ajuda a evitar que o arroz caia.

5. Traga o bloco de arroz e cubra, forme a cobertura do topo pelos lados do arroz usando seu dedo indicador e polegar. O nigiri deverá ser longo e curvo.

6. Para fazer nigiri gunkan, corte pedaços de nori em tiras medindo 7 x 2,5 cm. Envolva uma tira ao redor de cada bloco de arroz (você não deve reformar o arroz em sua mão) e segure apertando alguns grãos de arroz entre a alga no topo e na parte debaixo da tira. Em seguida, preencha o barco que você criou com o recheio escolhido.

nigiri de salmão com ikura

rendimento

Nigiri de salmão é de longe o tipo mais popular de nigiri no Ocidente. Para elevar o sabor, eu acrescentei ikura (ovos de salmão) para uma alusão de sal, e agrião para um gosto apimentado. A verdadeira graça é a sensação maravilhosa que o ikura dá quando os ovos estalam na boca, fazendo este nigiri perfeito para aproveitar com uma taça de champagne refrigerado.

400 g de arroz de sushi preparado (veja página 15)
300 g de bloco de nigiri de salmão (veja página 18)
½ colher de chá de pasta wasabi
2 cebolas cortadas em fatias grossas
100 g de ikura (ovas de salmão)
raminhos de agrião mostarda

para servir
wasabi, gengibre em conserva, molho de soja e mooli raspado

Prepare o sushi de arroz como descrito na página 15 e deixe esfriar. Enquanto isso, corte o bloco de salmão em 20 pedaços de 3 cm de largura, 7 cm de comprimento e 2 mm de grossura. Guarde o peixe na geladeira até que o arroz esteja pronto.

Quando o sushi de arroz tiver esfriado para 28ºC, molde-o em 20 blocos de arroz (veja páginas 60-61). Se você não tem um molde nigiri, os blocos de arroz feito com as mãos devem medir cerca de 5 cm de comprimento. 2 cm de largura e 2 cm de altura.

Aplique uma tira fina de wasabi em cada fatia do peixe, então coloque uma em cada bloco de arroz, do lado de baixo do wasabi, seguindo as instruções da técnica de formato nas fotografias na página 61.

Espalhe algumas cebolinhas em cada nigiri, não cubra com uma colher cheia de ikura. Decore com agrião e sirva com gengibre em conservas, mooli ralado, mais wasabi e molho de soja.

nigiri de atum com shichimi e kimchee
Recoloque o salmão com atum fatiado no estilo nigiri (veja páginas 26-27) e então cubra com chuvisco de base kimchee, tiras de pimenta vermelha, folhas de shiso e borrife com pó de shichimi.

nigiri de cavala com gergelim e sementes de papoula
Recoloque o salmão com cavala marinada (veja páginas 32-33) e então cubra com shiso e agrião mostarda e borrife com gergelim tostado misto e um pouco de sementes de papoula.

nigiri de atum com shichimi e kimchee

nigiri de cavala com gergelim e sementes de papoula

nigiri gravadlax estilo tailandês

rendimento

sushi-nigiri

Este é um sushi de salmão escandinavo com um gosto asiático. Gravadlax é um salmão curado, um modo antigo de preservar o peixe para os meses de inverno e uma guloseima muito conhecida pelo mundo. Tradicionalmente, o curado poderia durar por meses, mas esta receita dura apenas sete dias e o resultado final congela bem, deixando você com um pouco mais de peixe. Eu uso sabe japonês ao invés de aquavit escandinavo (água de vida), mas vodka também é adequado. Você pode fazer uma versão mais rápida usando gravadlax comprado de boa qualidade ou salmão defumado.

400 g de sushi de arroz preparado (veja página 15)

50 g de compota de pimentões (veja página 150) ou feng pesto (veja página 44)

para o gravadlax

1 filé de salmão, cerca de 20 cm de comprimento, com escamas

200 ml de saquê frio

2 caules de limoeiro, cortados finos em um ângulo

2 dentes de alho, cortados fino

pequeno pedaço de gengibre, picado fino

4 folhas de limão kafir, em pequenos pedaços

200 g de açúcar caster

100 g de sal fino

20 g de manjericão

½ colher de chá de pasta wasabi

para servir

wasabi, gengibre em conservas e molho de soja

Para fazer o gravadlax: use uma faca afiada para perfurar a carne do salmão em oito lugares. Derrame o saquê em um prato raso e embeba o salmão do lado da pele para cima por 20 minutos. Combine os caules, o alho, o gengibre, e as folhas de limão em uma pequena vasilha, e o açúcar e o sal em outra.

Coloque o salmão com a pele para baixo em uma pequena folha de papel impermeável. Esfregue a mistura das ervas dentro da carne, então cubra com uma tira de folhas de manjericão. Derrame a mistura de açúcar e sal sobre o topo. Envolva o salmão apertado na folha impermeável, depois envolva apertado em três ou quatro tiras de película aderente. Coloque em uma bandeja o lado da pele para cima e deixe curar na geladeira por sete dias.

Para terminar o nigiri: prepare o arroz seguindo o método como está descrito na página 15. Enquanto isso, desenvolva o peixe e descarte as ervas e marine. Corte o filé em um bloco de 7,5 cm e separe a pele (você pode congelar para usar em outro sushi). Corte o gravadlax em pedaços nigiri (veja páginas 18-19).

Quando o sushi de arroz tiver esfriado até 28°C, molde-o em 20 blocos de arroz (veja páginas 60-61). Se você não tiver o molde nigiri, os blocos de arroz feitos a mão deverão medir cerca de 5 cm de comprimento, 2 cm de largura e 2 cm de altura.

Aplique uma tira fina de wasabi em cada lado do peixe e deixe o peixe do lado wasabi para baixo, formando o nigiri. Acrescente um pontinho de pimentão em conserva (ou pesto) em cada nigiri. Sirva com o gengibre em conserva, o molho de soja e um pouco mais de wasabi.

atum grelhado com pimenta e nigiri com crosta de gergelim

rendimento

Assim como a versão sashimi desta receita, a crosta fatiada acrescenta sabor extra e profundidade para limpar o gosto do peixe.

400 g de arroz de sushi preparado (veja página 15)

100 g de semente de gergelim preto e branco misturados ou de gergelim misto (preto e branco)

300 g de atum fatiado (cortado) para fazer nigiri

2 colheres de sopa de pimenta preta picada

1 colher de chá de sal

Azeite de oliva para fritar

½ colher de chá de pasta (creme) de wasabi

para servir
wasabi, gengibre e molho de soja

Cozinhe o sushi de arroz de acordo com as instruções da página 15. Enquanto isso, usando um pilão, esmague junto às sementes de gergelim, pimenta preta e sal, então espalhe a mistura em uma bandeja rasa.

Corte o bloco de atum em dois pedaços iguais medindo aproximadamente 12-14 cm de comprimento, 7 cm largura e 3 cm profundidade. Pressione a mistura de gergelim em lados longos de cada bloco, então coloque de lado.

Quando o sushi de arroz tiver esfriado até 28ºC, molde-o em 20 blocos de arroz (veja páginas 60-61). Se você não tiver o moldo nigiri, os blocos de arroz feitos à mão deverão medir cerca de 5 cm de comprimento, 2 cm de largura e 2 cm de altura.

Aqueça um litro de óleo de oliva em uma panela e, quando estiver quente, frite os dois blocos de atum em cada um dos quatro lados por 1 minuto cada, de modo que a carne queime ao redor. Deixe descansar por alguns minutos, então, corte o atum em peças nigiri.

Aplique uma tira fina de wasabi em cada lado do peixe e deixe o peixe do lado wasabi para baixo, formando o nigiri como descrito nas páginas 60-61, colocando o peixe do lado wasabi para baixo sobre o arroz. Sirva com o gengibre em conserva, o molho de soja e um pouco mais de wasabi.

badejo com óleo de pimenta malagueta e coentro

rendimento

Compre uma boa quantidade de badejo cultivada para este sushi e peça ao seu peixeiro para escolher o filé de peixe para você. Se quiser fazer seu próprio óleo de malagueta, você precisará começá-lo pelo menos um dia antes de servir, mas você poderá usar um bom óleo de malagueta comprado.

50 ml de óleo de pimenta (veja página 34)
400 g de sushi de arroz preparado (veja página 15)
4 pequenos filés de robalo
½ colher de chá de pasta wasabi
20 folhas de coentro

para servir
wasabi, gengibre em conserva e molho de soja

Se você não tiver feito, prepare o óleo de malagueta, de acordo com a receita na página 34 e decante em uma garrafa de compreensão.

No dia de servir, cozinhe o sushi de arroz usando o método da página 15. Enquanto isso, tire a pele do peixe e corte em pedaços nigiri: você deve conseguir cinco ou seis pedaços de cada filé.

Quando o sushi de arroz tiver esfriado até 28°C, molde-o em 20 blocos de arroz (veja páginas 60-61). Se você não tiver o molde nigiri, os blocos de arroz feitos à mão deverão medir cerca de 5 cm de comprimento, 2 cm de largura e 2 cm de altura.

Aplique uma tira fina de wasabi em cada lado do peixe e deixe o peixe do lado wasabi para baixo, sobre o arroz, formando o nigiri. Molde em formas como demonstrado nas páginas 60-61.

Acrescente uma folha de coentro a cada nigiri e chuvisque com óleo malagueta. Sirva com mais wasabi, mais gengibre em conserva e o molho de soja.

sushi-nigiri

camarões tigre com feng mayo, shichimi e kimchee

rendimento

400 g de sushi de arroz preparado (veja página 15)

40 ml de Feng Mayo (veja página 44)

2 colheres de sopa de base Kimchee

1-1,2 kg de camarões tigres crus, tamanho 16/20

½ colher de chá de pasta wasabi

um pouco de pó shichimi, para espargir

para servir
wasabi, gengibre em conserva e molho de soja

Cozinhe o sushi de arroz usando o método da página 15. Enquanto isso, faça o mayo seguindo a receita na página 44 e decante o molho em uma garrafa de compressão. Coloque a base kimchee em uma garrafa de compreensão também.

Para preparar os camarões tigre: tire as cabeças, descasque as conchas, deixando a última camada e cauda de cada camarão. Cuidadosamente tire a parte intestinal. Espete os camarões ao longo da barriga, esticando-os até a ponta de suas caudas para endireitá-los (veja figura abaixo).

Cozinhe os camarões espetados em água salgada fervente por 4-5 minutos, até brilhar o rosa, então, mergulhe direto em água fria gelada. Quando esfriar, remova os espetos e "borbolete" os camarões cortando de comprido ao longo do lado da barriga, sendo cuidadoso para não cortar por todo caminho.

Quando o sushi de arroz tiver esfriado até 28°C, molde-o em 20 blocos de arroz (veja páginas 60-61). Se você não tiver o moldo nigiri, os blocos de arroz feitos à mão deverão medir cerca de 5 cm de comprimento, 2 cm de largura e 2 cm de altura.

Aplique uma tira fina de wasabi do lado debaixo de cada camarão e molde um camarão sobre cada bloco de arroz. Decore o nigiri com uma ponta de Feng Mayo, uma ponta da base kimchee e um espargir de pó de shichimi. Sirva com wasabi adicional, mais o gengibre em conserva e molho de soja.

frango defumado com nigiri de aspargo branco

rendimento ⁙⁙⁙⁙

Frango defumado quente é delicioso e surpreendente neste nigiri de carne ambicioso. Defumar em casa é fácil, desde que o processo seja seguido passo a passo. Na Europa, o aspargo branco está disponível de abril até final de setembro. Para este prato você pode usar aspargos verdes.

100 ml de molho teriyaki simples (veja página 44)
400 g de arroz de sushi preparado (veja página 15)
2 peitos de frango orgânico, cerca de 220 g cada
85 g de açúcar demerara
85 g de arroz longo cru
4 colheres de sopa de chá verde
um pouco de azeite de oliva para regar
sal e pimenta
½ limão
1 folha de capim-limão
5 talos de aspargo branco
algumas tiras de nori
½ colher de chá de pasta de wasabi

para servir
wasabi e gengibre em conserva

Faça o molho teriyaki usando a receita na página 44. Enquanto isso, cozinhe o sushi de arroz como descrito na página 15.

Para defumar o frango: forre um wok (utensílio básico da culinária asiática, panela grande também utilizada para fazer yakissoba) com uma folha de nori e ponha uma mistura de açúcar, arroz e chá na base. Cubra com outra folha de nori e coloque o wok sobre fogo médio. Quando a panela começar a esfumaçar, coloque o frango sobre a folha de nori. Regue com azeite de oliva, ponha sal, pimenta, adicione o limão e a folha de capim-limão no wok. Cubra bem e deixe esfumaçar por aproximadamente 25 minutos, ou até que o frango esteja tenro. Reserve o frango cozido e deixe descansar.

Embranqueça os aspargos em uma caçarola alta de água fervente por 4 minutos, então, mergulhe dentro de água fria gelada para parar o cozimento. Corte os aspargos de comprido para baixo do meio e em meio cruzado em um ângulo. Faça 20 cintos de nori cortando o nori em tiras medindo 6 cm por 1 cm.

Quando o sushi de arroz tiver esfriado até 28ºC, molde-o em 20 blocos de arroz (veja páginas 60-61). Se você não tiver o molde nigiri, os blocos de arroz feitos à mão deverão medir cerca de 5 cm de comprimento, 2 cm de largura e 2 cm de altura.

Corte o frango defumado pelo viés para render fatias finas de tamanho similar ao nigiri tradicionais. Aplique uma tira fina de wasabi em cada lado do frango e deixe o peixe do lado wasabi para baixo, sobre o arroz, formando o nigiri (veja páginas 60 -61). Chacoalhe um pedaço de aspargo branco sobre cada nigiri e amarre com cinto nori. Sirva o molho teriyaki com wasabi extra e gengibre em conserva.

Prepare o arroz sushi seguindo o método na página 15 e permita esfriar.

Enquanto isso, corte o bife em um pedaço de cerca de 7 cm de largura e 2-3 cm de altura. Apare cada ponta do bloco de modo que você tenha um quadrado atenuado para trabalhar. Tempere o bife de cada lado. Aqueça o óleo e a manteiga em uma panela antiaderente. Resseque o bife em todos os 4 lados por 2 minutos por lado, de modo que o calor penetre a uma profundidade de 5-7 mm de cada lado. Deixe de lado para descansar.

Para fazer a raiz forte e o creme wasabi, em uma pequena vasilha misture a pasta wasabi com requeijão Philadelfia e a raiz forte e reserve.

Quando o sushi de arroz tiver esfriado até 28ºC, molde-o em 16 blocos de arroz (veja páginas 60-61). Se você não tiver o molde nigiri, os blocos de arroz feitos à mão deverão medir cerca de 5 cm de comprimento, 2 cm de largura e 2 cm de altura.

Corte o bife fino ao longo do comprimento do pedaço (pedaços devem ser de cerca de 3 cm de largura, então, será necessário cortar em um ângulo). Aplique uma fina camada de wasabi em cada lado e coloque no topo dos blocos de arroz, o lado wasabi para baixo. Organize o nigiri e sirva em pratos e cubra com cebolinha, um pouquinho de raiz forte e creme de wasabi.

Prepare cada prato com um pouco de salada (raíz) de mooli ralada e folhas de rúcula, cobertos com outro pouquinho de raiz forte e pasta wasabi.
Sirva com wasabi extra, gengibre em conserva e molho de soja.

400 g de arroz de sushi preparado (veja página 15)

1 pedaço de carne bovina (coxão mole ou lombo), com aproximadamente 300 g

sal marinho e pimenta do reino preta em grãos

1 colher de chá de azeite de oliva

1 colher de chá de manteiga

½ colher de chá de creme (pasta) de wasabi

2 fios de cebolinha verde cortados na diagonal em fatias grossas

para a raíz forte fresca e para o creme (pasta) de wasabi

½ colher de chá de creme (pasta) de wasabi

100 g de cream cheese Philadelphia

2 colheres de chá de raíz forte fresca ralada finamente ou raíz forte comprada pronta, de boa qualidade

para servir

mooli (a raís) ralado, folhas de rúcula, wasabi, gengibre em conserva, molho de soja

nigiri de bife orgânico com raiz forte fresca e creme de wasabi

rendimento • • • •

Os japoneses apreciam a carne bovina, especialmente o seu famoso bife de Kobe, com sua aparência marmorizada. Os britânicos têm também um lombo de bovina orgânica igualmente maravilhosa e, com a carne de Kobe, dominam os preços diferenciados. A carne nesta receita é o ingrediente principal e quase único e deve estar crua, por isso precisa ter um alto padrão de qualidade. Peça ao seu açougueiro de confiança um corte especial; o ideal é que seja um bloco de aproximadamente 3 cm de espessura, 7 cm de largura e 10 cm comprimento. Como alternativa, corte um bom bife com estas medidas. Este nigiri é um espetáculo à parte.

sushi-nigiri

caranguejo gunkan com abacate e wasabi mayo

rendimento ● ● ● ● ●

Para esta receita, eu uso abacates de pele verde, já que eles mantêm seu formato quando fatiados ou em cubos; as variedades com peles pretas são melhores para os pratos em que o abacate vira um purê, tal como guacamole. Eu não acredito que chuviscar o abacate pré-cortado com limão ajude a preservar sua cor, portanto eu só corto o abacate quando pedido, antes de ser servido. Quando fizer este nigiri, tenha certeza de escolher a carne de caranguejo colhida da mão de um fornecedor de confiança, para economizar o trabalho manual de limpeza do caranguejo.

200 g de sushi arroz preparado (veja página 15)
50 ml de Feng Mayo (veja página 44)
1 colher de chá de pó wasabi
150 g de carne de caranguejo branca
poucas tiras de nori
½ abacate verde maduro

para servir
wasabi, gengibre em conserva e molho de soja

Cozinhe o arroz de acordo com as instruções na página 15. Enquanto isso, se você não tiver feito, faça o Feng Mayo usando a receita na página 44. Dilua o pó wasabi em poucas gotas de água fria, e acrescente ao mayo e coloque o molho em uma garrafa de compreensão pronta para decorar.

Cuidadosamente olhe a carne de caranguejo para checar se não há remanescentes de ostras ou cartilagem. Corte o nori em cintos medindo 2,5 cm por 8 cm. Corte ao meio o abacate e então descasque e corte a carne em quadrados finos.

Quando o sushi de arroz tiver esfriado até 28ºC, molde-o em dez blocos de arroz (veja páginas 60-61). Se você não tiver o molde nigiri, os blocos de arroz feitos a mão deverão medir cerca de 5 cm de comprimento, 2 cm de largura e 2 cm de altura.

Envolva um cinto nori ao redor de cada bloco de arroz de modo que eles pareçam barquinhos. Sele o nori pressionando-o com poucos grãos de arroz sushi cozidos.

Preencha o gunkan com um quarto de cubos de abacate e o remanescente com carne de caranguejo. Decore com um pouco de mayo wasabi e poucos pedaços de abacate em cubos. Sirva com molho de soja, wasabi e gengibre em conserva.

Dica: para os cintos nori, você pode usar os pedaços não usados do maki feito e, portanto, minimizar o desperdício.

ikura gunkan

rendimento ●●●●●

Este é o mais famoso nigiri gunkan: ovos de salmão simples dentro de invólucro nori torrado. Os ovos de salmão japonês (ikura) são salgados ou marinados em soja. Quaisquer ovos de salmão de boa qualidade são bons para esta receita – desde que você esteja desejando pagar o prêmio.

200 g de arroz de sushi preparado (veja página 15)
algumas tiras de nori (algas)
150 g de ikura (ovas de salmão)
10 fios longos de cebolinha verde cortados pela metade ou 20 fios curtos

para servir
wasabi, gengibre em conserva e molho de soja

Cozinhe o arroz seguindo o método na página 15. Enquanto isso, corte o nori em cintos medindo 2,5 cm por 8 cm e corte as cebolinhas em pedaços de 5 cm.

Quando o sushi de arroz tiver esfriado até 28ºC, molde-o em 20 blocos de arroz (veja páginas 60-61). Envolva um cinto de nori ao redor de cada bloco de arroz, selando as pontas com um pouco de grãos de arroz.

Cuidadosamente preencha cada gunkan com uma colher de chá aquecida de ovos de salmão, depois decore cada uma com 2 cebolinhas curtas. Sirva com wasabi, gengibre em conserva e molho de soja.

tártaro de atum com wasabi tobiko

rendimento ●●●●● ●●●●●

200 g de sushi de arroz preparado (veja página 15)
4 colheres de chá feng mayo (veja página 44)
200 g de atum cortado e picado
1 colher de sopa de molho ponzu
1 cebolinha, muito bem cortada
algumas tiras de nori
40 g de wasabi tobiko

para servir
wasabi, gengibre em conserva e molho de soja

Cozinhe o arroz usando o método na página 15. Enquanto isso, faça o feng mayo de acordo com a receita na página 44.

Misture o atum picado com molho ponzu, 2 colheres de chá de mayo e a cebolinha. Corte o nori em cintos medindo 2,5 cm por 8 cm.

Quando o sushi de arroz tiver esfriado até 28ºC, molde-o em dez blocos de arroz (veja páginas 60-61). Envolva um cinto de nori ao redor de cada bloco de arroz, selando as pontas com um pouco de grãos de arroz.

Preencha cada gunkan com uma colher de chá cheia de tártaro de atum e decore com um pouco de mayo e wasabi tobiko. Sirva com wasabi, gengibre em conserva e molho de soja.

vieiras no molho teriyaki

rendimento ●●●●●

Utilizo somente vieiras frescas para este prato – não uso vieiras em conserva nem congeladas, já que estas tendem a apresentar 50% do seu peso em água. O melhor jeito de sentir e de observar a diferença é que as vieiras frescas são menores e apresentam uma leve coloração cinza, enquanto que as embebidas na conserva ou as congeladas, têm uma aparência esbranquiçada brilhante, quase como se tivessem sofrido um clareamento.

200 g de sushi arroz preparado (veja página 15)
50 ml de molho teriyaki simples (veja página 44)
algumas tiras de nori
5 vieiras frescas pescadas à mão

para servir
wasabi, gengibre em conserva e molho de soja

Cozinhe o arroz usando o método na página 15. Enquanto isso, faça o molho teriyaki como descrito na página 44 e decante em uma garrafa de compressão pronta para decorar. Corte o nori em cintos medindo 2,5 cm por 8 cm.

Limpe as vieiras removendo os corais. Enxágue a carne do músculo sob torneira fria e corte pela metade.

Quando o sushi de arroz tiver esfriado até 28°C, molde-o em dez blocos de arroz (veja páginas 60-61). Se você não tiver o molde nigiri, os blocos de arroz feitos à mão deverão medir cerca de 5 cm de comprimento, 2 cm de largura e 2 cm de altura.

Envolva um cinto de nori ao redor de cada bloco de arroz, selando as pontas com um pouco de grãos de arroz.

Preencha cada gunkan com uma colher de chá cheia de tártaro de atum e decore com um pouco de mayo e wasabi tobiko. Sirva o nigiri com wasabi, gengibre em conserva e molho de soja.

tamago

Talvez você considere este método para o tamagoyaki (omeletes japoneses enrolados) muito mais fácil que a técnica tradicional. Mesmo assim, você terá que ser paciente – este prato não deve ser apressado, mas feito com calma, estado de mente zen.

Gentilmente misture 6 ovos orgânicos, 2 colheres de chá de açúcar, 1 colher de chá de mirin, 1 colher de chá de saquê e ½ colher de chá de molho de soja light, tomando cuidado para não acrescentar muito ar à mistura. Esprema em um jarro para remover quaisquer tópicos de ovo branco.

1. Coloque uma panela de tamago quadrada sobre fogo médio e use uma escova para lubrificar com óleo de girassol.

2. Coloque um quarto da mistura do ovo uniformemente sobre a base da panela e cozinhe até o topo estar ajustado.

3. Usando uma espátula, dobre a omelete por quatro vezes, tentando manter o rolo tão arrumado e firme quanto possível.

4. Remova o cilindro da omelete da panela e coloque ao lado em um prato. Levemente ponha óleo na panela e coloque outro quarto da mistura do ovo sobre a base.

5. Quando a segunda fileira de omelete estiver pronta, coloque as omeletes enroladas de volta na panela e envolva a segunda fileira ao redor para criar um rolo maior. Use a espátula para deixar tão arrumado quanto possível, depois remova a omelete da panela. Repita com a mistura do ovo remanescente.

6. Coloque a omelete em um tapete de bambu e deixe esfriar por pelo menos 30 minutos. Use uma faca bem afiada para cortar a omelete em pedaços. A omelete pode ser feita um dia antes e mantida na geladeira por toda noite, o que a deixará mais fácil para cortar.

tamago com pimentão vermelho assado

rendimento ● ● ● ● ●

Preencha a omelete japonesa com ingredientes italianos, e tenha como resultado um prato vegetariano maravilhoso.

200 g de sushi de arroz preparado (veja página 15)
1 pimentão vermelho assado, sem semente e fatiado.
1 colher de chá de vinagre balsâmico
10 cebolinhas

para a omelete
6 ovos orgânicos médios
2 colheres de chá de açúcar
1 colher de chá mirin
1 colher de chá saquê
½ colher de chá de soja light
óleo vegetal, para assar

para servir
wasabi, gengibre em conserva e molho de soja

Cozinhe o sushi de arroz de acordo com as instruções na página 15. Enquanto isso, coloque o pimentão assado e cortado em uma pequena vasilha e tempere com vinagre balsâmico.

Prepare a mistura da omelete e comece a cozinhar como mostrado nas páginas 80-81, derramando um quarto de mistura de ovo dentro da panela. Coloque as tiras de pimentão assado em uma linha abaixo da primeira fileira da omelete. Quando pronto, envolva a omelete em um cilindro, fazendo tanto apertada quanto possível, e remova da panela. Coloque outro quarto da mistura do ovo dentro da panela e continue a cozinhar como descrito na página anterior. Depois de pronto, deixe a omelete para esfriar em tapete de bambu enrolado por pelo menos 30 minutos.

Quando o sushi de arroz tiver esfriado até 28ºC, molde-o em dez blocos de arroz (veja páginas 60-61). Se você não tiver o molde nigiri, os blocos de arroz feitos à mão deverão medir cerca de 5 cm de comprimento, 2 cm de largura e 2 cm de altura. Quando a omelete estiver fria, corte-a em dez pedaços.

Coloque um pedaço do tamago no topo de cada bloco de arroz e amarre uma cebolinha ao redor para segurar. Sirva o nigiri com wasabi, gengibre em conserva e molho de soja.

tamago com ricota e espinafre
Siga a receita acima, mas substitua a mistura de pimenta assada com esta mistura: cozinhe 100 g de folhas de espinafre em uma panela com pouco óleo por uns poucos minutos até que murchem. Drene por completo para remover o excesso do líquido. Esmigalhe 20 g de ricota sobre o espinafre e tempere com sal e pimenta. Preencha e complete a omelete como descrito acima e depois deixe esfriar. Após cobrir os blocos de arroz com omelete fatiada, amarre um cinto de nori ao redor do nigiri para segurá-los.

abacate com cebolinha e espinafre amassado com sementes de gergelim

rendimento

Embora estes sushis sejam adequados para dietas vegetarianas, todos os ingredientes estão amplamente disponíveis.

400 g de sushi de arroz preparado (veja página 15)
um pouco de tiras de nori

para a cobertura de espinafre
2 colheres de sopa de óleo de gergelim
500 g de folha de espinafre
2 colheres de sopa de sementes de gergelim preta, tostadas
sal e pimenta

para cobertura de abacate
25 g de cebolinha
1 abacate sem pele verde larga

para servir
wasabi, gengibre em cogumelos e molho de soja

Cozinhe o sushi de arroz de acordo com o método da página 15. Enquanto isso, prepare a cobertura de espinafre: aqueça o óleo em um wok sobre o calor médio e, quando esquentar, acrescente o espinafre à panela, um punhado por vez. Cozinhe, agite até que esteja inteiramente murcho. Tire do calor, acrescente as sementes de gergelim e tempere com sal e pimenta.

Coloque um tapete de bambu em algumas tiras de papel toalha e coloque um pedaço de papel impermeável no topo. Coloque o espinafre no papel impermeável e use a esteira para apertar o espinafre até obter um bastão quadrado.

Segure o espinafre de cabeça para baixo sobre a pia e gentilmente tire o máximo de líquido possível. Substitua o papel toalha e o impermeável com folhas novas. Em seguida deixe o espinafre descansar no tapete enrolado por 20 minutos.

Para a cobertura de abacate: corte as cebolinhas em pedaços de 5 cm. Corte os abacates ao meio, descarte a pedra e descasque. Fatie cada metade em cinco pedaços.

Quando o sushi de arroz tiver esfriado até 28ºC, molde-o em 20 blocos de arroz (veja páginas 60-61). Se você não tiver o molde nigiri, os blocos de arroz feitos à mão deverão medir cerca de 5 cm de comprimento, 2 cm de largura e 2 cm de altura. Quando a omelete estiver fria, corte-a em dez pedaços.

Corte as tiras do nori em 20 cintos medindo 6 cm por 1 cm. Pegue dez blocos de arroz e coloque um pedaço de abacate no topo de cada. Acrescente um maço de cebolinha aparada e segure cada nigiri com um cinto nori.

Cuidadosamente corte o espinafre pressionado em dez pedaços. Coloque um em cada um dos blocos de arroz remanescentes e segure com um cinto nori. Sirva com wasabi, gengibre em conserva e molho de soja.

sushi-maki

Devemos agradecer às casas de jogos japonesas pelo sushi-maki. As cartas de tubarões que não conseguiam segurar, ficavam na mesa para embrulhar os seus lanches de arroz e nori. Eles podiam dessa forma comer enquanto mantinham os seus olhos fixos no jogo, sem ter as cartas machucando os seus dedos.

No sentido do relógio a partir do topo: salmão seco e maki de pimenta vermelha; atum, cebolinha, e shiso maki; vieira, cebolinha e shiso maki, abacate, pesto e maki de malagueta; salmão e maki; arroz marrom, abacate e maki de pepino.

rolos de sushi-maki

1. Apare cada folha de nori cortando uma tira de 3,5 cm ao longo do lado mais comprido para render uma folha medindo 15,5 por 20,5 cm. Guarde as partes não usadas para fazer nigiri gunkan e cintos nori. Coloque sua primeira folha de nori com o lado mais fino virado para baixo em uma esteira de enrolar e posicione-a de modo que fique perto de você, perto da beirada da superfície de trabalho.

2. Quando o arroz de sushi tiver alcançado a temperatura de 28ºC, espalhe suavemente em torno de 125 g sobre o nori, deixando 1 cm das bordas ao longo do lado extremo livre de arroz. Tenha cuidado para não exercer pressão demais no arroz conforme você o espalha, já que isso pode estragar a textura. Espalhe uma linha (um fio) de wasabi ao longo ao arroz em sentido horizontal.

3. Organize o maki preenchendo no topo da faixa de wasabi.

4. Usando seus polegares para levantar o mapa de bambu e seus indicadores para segurar o enchimento no lugar, enrole o sushi para cima para formar um cilindro arrumado. Sele o rolo com uma borda descoberta de nori.

5. Pressione as tiras do bambu do tapete enrolado ao longo dos lados do rolo de sushi para formar um maki quadrado arrumado. Deixe de lado para descansar por alguns minutos.

6. Remova o rolo de sushi do tapete enrolado e (exceto se a receita disser o contrário) apare as pontas rudes. Finalmente, corte o rolo em oito pedaços.

mistura de maki

rendimento ● ● ● ●

Uma vez que você tenha aprendido a técnica básica do enrolar o maki usando as simples combinações de enchimentos dadas aqui, fique à vontade para tentar outras. Algumas sugestões: atum cru picado com pó de shichimi e shiso; partes tiradas do tamago com cebolinhas e espinafre; pimentas vermelhas torradas com aspargos embranquecidos; pepino com pesto e sementes de gengibre. Para quaisquer desses rolos, você pode substituir o arroz branco pelo marrom (veja página 96) se preferir.

600 g de sushi arroz preparado (veja página 15)
1 colher de chá de molho teriyaki simples (veja página 44)
1 colher de chá de feng pesto (veja página 44)
¼ abacate maduro
½ pepino
¼ pimentão vermelho
1 cebolinha, apenas as folhas verdes
40 g de salmão sashimi
40 g de salmão cozido
40 g de atum sashimi
2 vieiras pescados a mão
5 folhas de nori
½ colher de chá de pasta wasabi
pequeno punhado de folhas de rúcula
pequeno punhado de agrião
5 cebolinhas
2-3 pitadas de pó shichimi

para servir
wasabi, gengibre em conserva e molho de soja

Cozinhe o arroz de sushi seguindo as instruções na página 15. Enquanto isso, se você não tiver feito, prepare os molhos teriyaki e pesto usando as receitas na página 44 e coloque cada um em uma garrafa de compreensão.

Corte o pedaço de abacate em três cunhos. Divida em quatro o pedaço de pepino de comprido e remova as sementes. Corte o pimentão vermelho e as folhas verdes da cebolinha em tiras longas e finas.

Apare qualquer pedaço marrom do salmão sashimi cru e corte a carne em tiras. Corte o salmão escalpado e o atum cru em tiras também, mantendo-os bem separados.

Remova os intestinos e corais das vieiras, então, os mergulhe em água fria e seque com papel toalha. Corte todos as vieiras em três discos.

Corte cada folha de nori. Coloque uma folha em um tapete de arroz de sushi com o lado fino para baixo e espalhe cerca de 120 g de sushi de arroz frio sobre ele, deixando um 1 cm da borda no topo livre de arroz (veja técnica na página 89). Seja cuidadoso para não apertar muito forte já que isso pode arruinar o arroz.

sushi-maki

Espalhe uma linha de pasta wasabi bem no meio do arroz. Coloque as tiras do salmão e algumas folhas de rúcula no topo dessa linha. Segure o enchimento no lugar com seus indicadores e enrole a folha de nori por cima para fazer um cilindro, selando o rolo com uma aba de nori descoberto. Use as ripas do tapete de rolo para enquadrar o rolo e deixe de lado para descansar por alguns minutos.

Repita o processo com os ingredientes remanescentes, usando as seguintes combinações para as folhas subsequentes de nori: atum, cebolinha e shiso; vieira, cebolinha e molho teriyaki; salmão escalpado e pimentão vermelho; abacate, pesto e pó shichimi.

Corte cada rolo de maki em seis pedaços e sirva com o wasabi, gengibre em conserva e molhos de soja.

Dica: para o salmão cozido, você poderá usar peixe escalpado ou (como eu tenho feito na figura da página 86) usar pedaços deixados do sashimi de salmão preparado na página 22.

pele de salmão com cebolinha

rendimento

Quando você experimentar esta sensação crocante pela primeira vez, ela rapidamente se tornará aparente porque é conhecida como o "bacon do mar". Peça ao seu peixeiro para escolher seu filé de salmão antes que ele tire a pele – a pele deverá ser lançada de graça, mas já que muitas pessoas não as querem, você tem que lembrar o peixeiro. A pele do salmão congela bem também, então tenha em mente quando comprar o salmão para outros pratos. Para um sabor extra, você pode usar as peles deixadas sobre o gravadlax marinado; não se preocupe se houver um pouco de carne nas costas já que ela acrescenta ao sabor.

500 g de sushi de arroz preparado (veja página 15)
pele de 1 filé de salmão
sal e pimenta
gotas de óleo de oliva
4 folhas de nori
2 cebolinhas, bem picadas
60 g de folhas mizuna

para servir
wasabi, gengibre em conserva e molho de soja

Cozinhe o arroz seguindo as instruções da página 15. Enquanto isso, corte a pele do salmão em oito pedaços e tempere com sal e pimenta. Aqueça uma generosa salpicada de óleo de oliva em uma panela não aderente e frite a pele do salmão até ficar levemente dourada. Deixe de lado para drenar em papel de cozinha para remover qualquer excesso de óleo.

Corte as folhas de nori. Coloque uma folha em uma esteira, enrole com o lado mais fino virado para baixo e espalhe aproximadamente 125 g de arroz de sushi sobre ela, deixando 1 cm nas bordas sem arroz (veja fotografias na página 89). Seja cuidadoso para não apertar demais, avitando arruinar o arroz.

Coloque dois pedaços de salmão frito bem no meio do arroz e cubra com um quarto das folhas mizuna e cebolinhas. Organize o enchimento de modo que um pouco tanto da pele do salmão quanto da vara mizuna fiquem para fora de cada lado.

Segure o enchimento no lugar com seus indicadores e enrole a folha de nori por cima para fazer um cilindro e sele com o rolo com a aba do nori descoberto. Use as ripas do tapete de rolo para enquadrar o rolo e deixe de lado para descansar por alguns minutos. Repita com os ingredientes remanescentes.

Corte cada rolo em oito pedaços e organize em um prato para servir com wasabi, gengibre em conserva e molho de soja.

almoço energético com edamame, wakame e atum

rendimento ● ● ● ●

Este é um sushi para pessoas que levam uma vida agitada – costumo prepará-lo para mim quando uma tarde cheia de tarefas me aguarda. O arroz marrom tem complexo de carbono que libera energia vagarosamente na corrente sanguínea. Wakame é bom para o metabolismo e limpa o sangue – o efeito é duplicado quando é servido com uma salada temperada feita com óleo saudável. Para cozinhar o arroz de grão inteiro você precisará esquecer tudo que aprendeu sobre sushi e isso exige tratamento totalmente diferente.

almoço energético com edamame, wakame e atum

300 g de edamame congelado
20 g de wakame seco
300 g de atum sashimi
1 abacate verde, sem casca e fatiada
100 g de ikura (ovos de salmão)
1 maço de agrião
pequeno punhado de folhas de coentro

para a mistura de sushi de arroz marrom (rende cerca de 640 g)
300 g de arroz marrom de grãos longos
2 colheres de sopa de sementes de papoula
4 colheres de chá de óleo de oliva extravirgem
4 colheres de chá de vinagre de sushi
10 cebolinhas, bem picadas
sal e pimenta

para servir
vinagrete japonês (veja página 42)

Para cozinhar o arroz marrom: primeiro faça uma marcação do volume em uma caneca de medição. Mergulhe o arroz inteiramente debaixo da torneira e coloque uma panela de fundo grosso. Acrescente água suficiente para render 150 por cento do volume do arroz. Faça ferver, cubra e cozinhe por 40 minutos sobre fogo baixo. Em seguida, remova a panela do calor e deixe de lado, ainda coberta, por outros 20 minutos.

Coloque o arroz cozido quente em uma vasilha com as sementes de papoula, óleo de oliva, vinagre de sushi e cebolinhas. Misture gentilmente, então, tempere com sal e pimenta. Cubra a vasilha e deixe descansar por uma hora, ou até o arroz ter esfriado em temperatura ambiente.

Enquanto isso, ferva um chaleira de água. Coloque o edamame em uma vasilha a prova de fogo e cubra com água quente da chaleira. Deixe ficar por 5 minutos, então drene e descasque o feijão.

Coloque o wakame em uma vasilha pequena e cubra com água fria. Deixe reidratar por 10 minutos e então drene.

Corte o atum diagonalmente em 20 pedaços estilo sashimi, referindo-se à figura da página 19 se necessário.

Divida a mistura do arroz entre quatro pratos de macarrão ou outro tipo de prato grande. Cubra com o sashimi de atum, abacate picado, wakame, os ovos de salmão e o edamame. Decore com agrião e coentro e sirva com um pequeno prato de vinagrete japonês.

Dica: em geral, este prato fica bom com todos os ingredientes japoneses que a sua imaginação permitir e conforme o seu paladar. Você também pode usar salmão fresco ou uma mistura que usa tartar de atum com aparas de outras receitas (veja a página 29).

sushi-maki

salmão, rúcula e maki ao pesto

rendimento

Rúculas apimentadas complementam o salmão em qualquer rolo de sushi, se for feito com arroz marrom e branco. Esse rolo é uma boa maneira de usar os pedaços de salmão e é eternamente popular.

500 g de sushi de arroz marrom preparado (veja a página ao lado)
50 ml de feng pesto (veja página 44)
150 g de sashimi salmão
4 folhas de nori
60 g de rúculas

para servir
wasabi, gengibre em conserva e molho de soja

Cozinhe o arroz marrom seguindo a receita na página 96. Enquanto isso, se você não tiver feito, prepare o pesto como descrito na página 44 e decante dentro de uma garrafa de compressão. Apare o salmão, descartando quaisquer pedaços marrons.

Corte as folhas de nori. Coloque uma folha em um tapete de enrolar de bambu com o lado fino para baixo e espalhe sobre ele 125 g do arroz marrom deixando 1 cm da borda no topo livre de arroz (veja figuras na página 89).

Coloque uma fileira de salmão ao longo do meio do arroz. Cubra com uma linha de pesto e sobre um quarto de folhas de rúcula. Segure o enchimento no lugar com seus indicadores e enrole o nori sobre ele para fazer um cilindro, selando o rolo com a aba do nori descoberto. Use as ripas do tapete de enrolar para enquadrar o rolo e deixe de lado para descansar por alguns minutos. Repita com os ingredientes remanescentes.

Corte cada rolo em seis pedaços, descartando as pontas desiguais. Organize o maki em um prato e sirva com wasabi, gengibre em conserva e molho de soja.

maki de *yellowtail* e aspargo tailandês

rendimento

Aqui está uma oportunidade de usar as partes cortadas de outros pratos de *yellowtail* neste livro. O peixe rico e gorduroso vai bem com arroz marrom inteiro.

500 g de sushi de arroz marrom preparado (veja página 96)
16 lanças de aspargos tailandeses
sal
160 g de sashimi de *yellowtail*
4 folhas de nori

para servir
wasabi, gengibre em conserva e molho de soja

Prepare o arroz marrom seguindo a receita na página 96. Enquanto isso, ferva uma chaleira com água. Coloque os aspargos em uma vasilha à prova de fogo. Cubra com água quente da chaleira e um pouco de sal e deixe de lado por alguns minutos. Drene, e, em seguida, mergulhe em água fria gelada para parar o cozimento e ajudar a reter a cor.

Corte o *yellowtail* em pequenos pedaços

Corte as folhas de nori. Coloque uma folha de nori sobre o tapete de bambu do lado mais fino para baixo e espalhe cerca de 125 g de arroz marrom sobre ele, deixando 1 cm da borda no topo livre de arroz (veja técnicas na página 89).

Coloque uma fileira de *yellowtail* ao longo do meio do arroz e cubra com quatro lanças de aspargos. Segure o enchimento com seus indicadores e enrole o nori para fazer um cilindro, selando o rolo com a aba do nori descoberto. Use as ripas do tapete para ajudar a enquadrar o rolo e deixe de lado para descansar por alguns minutos. Repita com os ingredientes remanescentes.

Corte cada rolo em seis, descartando as pontas desiguais. Sirva com wasabi, gengibre em conserva e molho de soja.

sushi-maki

maki de abacate, cebolinha e gergelim

rendimento

Essa opção vegetariana para maki de arroz marrom é simples e saborosa.

500 g de arroz de sushi marrom preparado (veja página 96)
1 abacate maduro
4 folhas de nori
fios de cebolinha verde
80 g de sementes de gergelim

para servir
wasabi, gengibre em conserva e molho de soja

Primeiro prepare a mistura de arroz marrom como descrito na página 96. Enquanto isso, parta o abacate, tire a pele e então corte cada pedaço para render duas pontas.

Corte as folhas de nori. Coloque uma folha no tapete de bambu do lado mais fino para baixo e espalhe cerca de 125 g de arroz marrom sobre ele, deixando 1 cm da borda no topo livre de arroz (veja técnicas na página 89).

Coloque duas pontas do abacate ao longo do meio do arroz. Cubra com as cebolinhas e um punhado de sementes de gengibre.

Segure o enchimento com seus indicadores e enrole o nori para fazer um cilindro, selando o rolo com a aba do nori descoberto. Use as ripas do tapete para ajudar a enquadrar o rolo e deixe de lado para descansar por alguns minutos. Repita com os ingredientes remanescentes.

Corte cada rolo em seis, descartando as pontas desiguais e arranje no prato. Sirva com wasabi, gengibre em conserva e molho de soja.

sushi-maki

uramaki (a alga fica do lado de dentro)

1. Apare cada folha de nori para baixo cortando uma tira de 3,5 cm ao longo do lado mais extenso para dar uma medida de folha de 15,5 x 20,5 cm. Guarde as partes tiradas ao fazer o nigiri gunkan e os cintos nori. Coloque sua primeira folha de nori com o lado mais fino para baixo em um tapete de enrolar e posicione-o perto de você, perto da ponta da superfície de trabalho.

2. Quando o sushi de arroz cozido tiver alcançado a temperatura de 28°C, gentilmente espelhe cerca de 150 g dele sobre o nori, cobrindo a folha inteira. Tenha cuidado para não pressionar demais já que pode estragar a textura do arroz. Espalhe as sementes de gengibre, ou qualquer outra mistura que você usar para decorar o lado de fora do maki, equivalentemente, sobre o arroz.

3. Rapidamente vire a forma de modo que o nori seja desenformado. Organize seus enchimentos escolhidos através do meio do nori.

4. Usando seus polegares para erguer o tapete de bambu e seus indicadores para segurar o enchimento no lugar, enrole o sushi para cima para fazer um cilindro. Sele o rolo aconchegando a ponta de cima debaixo da ponta de baixo – esteja certo de fazer isso firmemente para que os rolos fiquem fechados.

5. Pressione as ripas do bambu do tapete enrolado ao longo dos lados do rolo para para formar um maki quadrado uniforme. Deixe de lado para descansar por alguns minutos.

6. Remova o rolo do tapete de bambu. Use uma faca pontiaguda para aparar as pontas rudes, então corte cada maki em oito pedaços.

uramaki de ervilhas trituradas com wasabi

rendimento

Este maki foi feito por acidente enquanto eu estava dando um curso de sushi na Dinamarca. Era um dia depois de um feriado público e eu não pude achar nenhum peixe fresco decente nem por amor, nem por dinheiro, então eu planejei este sushi vegetariano muito gostoso. As ervilhas de wasabi são ervilhas secas revestidas em uma casca saborosa de wasabi. Normalmente comido como um sanduíche, eles estão amplamente disponíveis nas lojas orientais.

600 g de sushi de arroz preparado (veja página 15)
50 ml de feng pesto (veja página 44)
4 talos de aspargos verdes
1 abacate maduro
100 g de wasabi de ervilha
100 g sementes pretas de gengibre, tostadas
4 folhas de nori
24 cebolinhas
50 g de folhas de mizuna
50 g de folhas de rúcula

para servir

wasabi, gengibre em conserva e molho de soja

Cozinhe o arroz como descrito na página 15. Enquanto isso, faça o pesto usando a receita na página 44.

Escalde os aspargos em uma tigela com água salgada fervendo, por 4 minutos. Em seguida, escorra a água aquecida e mergulhe os aspargos em água gelada. Quando esfriar, corte ao meio cada talo de aspargo no sentido do comprimento.

Corte em quatro e descasque o abacate, então, corte cada pedaço em 3 pontas. Use um processador de alimentos para amassar as ervilhas wasabi de forma grosseira, em seguida as misture com as sementes pretas de gengibre.

Corte as folhas de nori. Coloque uma folha em um rolo de bambu e espalhe 150 g de sushi de arroz sobre ele (veja página 100). Salpique a mistura wasabi-gengibre preto sobre o arroz em seguida aperte a forma de modo que as folhas de nori sejam desenformadas.

Organize o enchimento através do meio do nori: coloque dois pedaços de aspargos e seis cebolinhas de modo que as pontas dos paus fiquem para fora nas duas extremidades; acrescente uma fila de pesto, três pontas de abacates, um pequeno punhado de mizuna e um pequeno punhado de rúcula.

Enrole o maki firmemente e sele aproximando a ponta de cima do nori à parte de baixo. Use a esteira para formar o maki e deixe de lado para descansar por uns minutos, enquanto você repete a operação com os ingredientes remanescentes.

Corte cada rolo em oito pedaços, organize em um prato e sirva com wasabi, gengibre em conserva e molho de soja.

uramaki califórnia pôr do sol com caranguejo e tobiko

rendimento

Globalmente, este é o mais famoso maki, mas frequentemente feito com as varas do caranguejo. Mesmo no Japão, alguns sushis-bars as usarão, o que é estranho já que elas vêm da indústria de larga escala e são feitos de um mix duvidoso de carne branca e sabor artificial. Devido à ameaça real, sugiro carne de caranguejo pescado de alta qualidade. Tobiko de sabor Yuzu é opcional nesta receita: wasabi ou variedades de ameixa sairão bem.

600 g e sushi de arroz preparado (veja página 15)
50 ml de feng mayo (veja página 44)
1 pepino
1 abacate maduro
160 g carne branca de caranguejo
4 folhas de nori
100 g de sementes de gengibre preta e branca
60 g de yuzu tobiko

para servir
wasabi, gengibre em conserva e molho de soja

Cozinhe o sushi de arroz seguindo o método da página 15. Enquanto isso, prepare o mayo como descrito na página 44.

Corte o pepino de comprido e guarde uma metade para usar em outros pratos. Use uma colher para tirar as sementes e então corte o pepino em quatro tiras longas.

Corte em quatro e descasque o abacate, depois, corte cada pedaço em três pontas. Cuidadosamente pegue a carne de caranguejo removendo qualquer ostra ou cartilagem.

Corte as folhas de nori. Coloque uma folha em um rolo de bambu e espalhe 150 g de sushi de arroz sobre ele, cobrindo com uma folha inteira (veja página 100). Borrife as sementes de gengibre e tobiko sobre o arroz, então, agite levemente a forma de modo que a alga preta seja desinformada.

Organize o enchimento através do meio do nori: um pedaço do pepino, uma linha de mayo, três pontas de abacates e um quarto de carne de caranguejo.

Enrole o maki firmemente e sele aconchegando a ponta de cima do nori na parte debaixo. Arranje os lados e deixe de lado para descansar enquanto você repete com os ingredientes remanescentes.

Corte cada rolo em oito pedaços, descartando as partes desiguais, e sirva com wasabi, gengibre em conserva e molho de soja.

uramaki vegetariano com picles

rendimento

A maioria dos picles japoneses fica muito boa com esta receita. Tente o sakurazuke (mooli de picles rosa), takuwantoro (mooli de picles amarelo), shibazuke (berinjela de picles púrpura) e o kappa (pepino japonês em conserva), apenas para nomear algumas possibilidades.

600 g de arroz de sushi preparado (veja página 15)
1 pepino
1 abacate maduro
4 folhas de nori
100 g de sementes de gergelim pretas e brancas (mistas)
20 cebolinhas
120 g picles japoneses, drenados

para servir
wasabi, gengibre em conserva e molho de soja.

Cozinhe o sushi de arroz seguindo o método da página 15.

Corte o pepino de comprido e deixe uma metade para usar em outros pratos. Use uma colher para tirar as sementes e depois corte o pepino em quatro tiras longas.

Corte em quatro e descasque o abacate, então corte cada pedaço em três pontas.

Corte as folhas de nori por um quinto. Coloque uma folha em um rolo de bambu e espalhe 150 g de sushi de arroz sobre ele, cobrindo com uma folha inteira (veja página 100). Salpique as sementes de gergelim sobre o arroz. Em seguida, aperte levemente a forma de modo que a alga preta seja desenformada.

Organize o enchimento através do meio do nori: um pedaço do pepino, três pedaços do abacate, cinco cebolinhas e um quarto de picles japonês.

Enrole o maki firmemente e sele aconchegando a ponta de cima do nori na parte de baixo. Arranje os lados e deixe de lado para descansar enquanto você repete com os ingredientes remanescentes.

Corte cada rolo em oito pedaços, descartando as partes desiguais. Sirva com wasabi, gengibre em conserva e molho de soja.

rolo arco-íris São Francisco

rendimento

500 g de sushi de arroz preparado (veja página 15)
160 g de bloco de sashimi salmão
160 g de bloco de sashimi de atum
1 pepino
4 folhas de nori
20-40 cebolinhas
120 g de partes do *yellowtail* sashimi, fatiado

para servir
wasabi, gengibre em conserva e molho de soja.

Cozinhe o sushi de arroz seguindo o método da página 15. Enquanto isso, corte o salmão e o atum em 12 pedaços nigiri cada (veja figuras nas páginas 19-26).

Corte o pepino de comprido e guarde uma metade para usar em outros pratos. Use uma colher para tirar as sementes, então, corte o pepino em quatro tiras longas.

Corte cada folha de nori. Coloque uma folha em um rolo de bambu do lado fino para baixo e espalhe cerca de 125 g de sushi de arroz sobre ele, deixando 1 cm da borda na parte superior livre do arroz (veja técnicas na página 100).

Coloque seis pedaços do nigiri, alternando o salmão e o atum, ao longo da metade inferior do arroz. Agite levemente a forma inteira de modo que o nori seja desenformado.

Organize o enchimento através do meio do nori: uma tala do pepino, 5 a 10 cebolinhas e um quarto de *yellowtail*.

Enrole o maki firmemente formando um cilindro e sele com a aba do nori descoberto. Use as ripas do tapete para formar o maki e deixe descansar por alguns minutos. Repita com os ingredientes remanescentes.

Corte cada rolo em oito pedaços, descartando as partes desiguais e arrume em um prato. Sirva com wasabi, gengibre em conserva e molho de soja.

gravadlax com salmão, rúcula e pesto

rendimento

Gravadlax precisa de oito a dez dias para apurar, então tenha isso em mente quando você estiver planejando fazer esse prato. Alternativamente, você pode usar um gravadlax endro tradicional pronto para fazer, ou salmão defumado, tendo a certeza que cada pedaço tenha apenas uns poucos milímetros de grossura.

500 g de sushi de arroz preparado (veja página 15)
50 ml de feng pesto (veja página 44)
320 g gravadlax (veja página 67)
4 folhas de nori
120 g de pedaços de salmão, fatiados
50 g de folhas de rúcula

para servir
wasabi, gengibre em conserva e molho de soja

Cozinhe o sushi de arroz de acordo com as instruções na 15. Enquanto isso, prepare o pesto como descrito na página 44 e coloque em uma garrafa de compressão. Corte o gravadlax em 24 pedaços de nigiri seguindo as técnicas na página 19.

Corte cada folha de nori. Coloque uma folha em um rolo de bambu e espalhe 125g de sushi de arroz sobre ele, deixando uma borda de 1 cm no topo livre de arroz (veja página 100).

Coloque seis pedaços de nigiri ao longo da metade inferior. Agite levemente a forma de modo que a alga preta seja desenformada.

Organize o enchimento através do centro do nori: uma linha de pesto, um quarto do salmão e punhado de rúcula.

Segurando o enchimento no lugar com seus indicadores, enrole em um cilindro e sele o maki com a aba do nori descoberto. Forme os lados do maki e deixe de lado para descansar por alguns minutos. Repita com os ingredientes remanescentes.

Corte cada rolo em oito pedaços, descartando as partes desiguais. Organize em um prato e sirva com wasabi, gengibre em conserva e molho de soja.

sushi-maki

rosbife orgânico com creme de raiz forte, cebolinha e pepino

rendimento

Aqui está a versão do maki do meu nigiri de bife. É uma boa opção se você quiser fazer algo rápido para uma festa. Compre rosbife orgânico pronto, que é rosado no meio e peça ao açougueiro para cortar com poucos milímetros de espessura.

500 g de sushi de arroz preparado (veja página 15)

100 ml de raiz forte fresca e creme de wasabi (veja página 74)

1 pepino

4 folhas de nori

400 g de rosbife orgânico, cerca de 20 pedaços

20 cebolinhas

para servir
wasabi, gengibre em conserva e molho de soja

Cozinhe o sushi de arroz de acordo com as instruções da página 15. Enquanto isso, prepare a raiz forte e o creme de wasabi seguindo a receita que está na página 74.

Corte o pepino de comprido e guarde uma metade para usar em outros pratos. Use uma colher para tirar as sementes e então corte o pepino em quatro tiras longas.

Corte cada folha de nori. Coloque uma folha em um rolo de bambu do lado fino para baixo e espalhe cerca de 125 g de sushi de arroz sobre ele, deixando 1 cm da borda na parte superior livre do arroz (veja técnicas na página 100).

Coloque cinco pedaços de bife sobrepostos ao longo da metade inferior do arroz. Agite levemente a forma inteira de modo que o nori seja desenformado. Organize o enchimento através do meio do nori: uma generosa espalhada de raiz forte e creme wasabi, uma tala do pepino e 5 cebolinhas.

Enrole o maki firmemente formando um cilindro e sele com a aba do nori descoberto. Use as ripas do tapete para formar o maki e deixe descansar por alguns minutos. Repita com os ingredientes remanescentes.

Corte cada rolo em oito pedaços, descartando as partes desiguais e arrume em um prato. Sirva com wasabi, gengibre em conserva e molho de soja.

rolo de tamago com molho de pimentão assado

rendimento

Por um lado, esse maki é desenhado para impressionar; pelo outro, é um rolo de sushi vegetariano de efetivo custo. Use uma grande panela de tamago se possível, do contrário, cozinhe o tamago em uma grande panela não aderente e corte as folhas individuais da omelete para tratar.

500 g de sushi de arroz preparado (veja página 15)
4 folhas de nori
100 g de requeijão
80 fios de cebolinha verde

para as folhas de tamago
6 ovos orgânicos
2 colheres de chá de açúcar
2 colheres de chá de mirin
2 colheres de chá de saquê
pitada de sal
óleo de oliva para untar

para a salsa
2 pimentões amarelos, assados, sem pele e sem semente
2 pimentões vermelhos, assados, sem pele e sem semente
1 colher de sopa de vinagre de vinho vermelho
1 colher de sopa de mel
½ colher de chá de pó de shichimi

para servir
wasabi, gengibre em conserva e molho de soja

Cozinhe o sushi de arroz de acordo com as instruções da página 15.

Prepare a mistura do tamago seguindo as técnicas nas páginas 80-81. Cozinhe como instruído, mas ao invés de enrolar a omelete, vire as folhas individuais sobre um tapete tão logo estejam prontas e deixe-as esfriar.

Para a salsa: corte em cubos os pimentões e coloque em uma vasilha com vinagre, mel e shichimi. Marine por 5 minutos e então drene para remover o líquido em excesso.

Corte cada folha de nori. Coloque uma folha em um rolo de bambu com o lado fino para baixo e espalhe cerca de 125 g de sushi de arroz sobre ele, deixando 1 cm da borda na parte superior livre do arroz (veja técnicas na página 100).

Coloque uma folha da omelete no topo do arroz. Agite levemente a forma inteira de modo que o nori seja desenformado. Organize o enchimento através do meio do nori: um generoso espalhar de requeijão, 3 colheres de sopa de molho de soja e 20 fios de cebolinha verde.

Enrole o maki firmemente formando um cilindro e sele com a aba do nori descoberto. Use as ripas do tapete para formar o maki e deixe descansar por alguns minutos. Repita com os ingredientes remanescentes.

Corte cada rolo em oito pedaços, descartando as partes desiguais. Arrume em um prato e sirva com wasabi, gengibre em conserva e molho de soja.

sushi-maki

temaki enrolado

Temakis são rolos manuais em formato de cone tradicionalmente comidos no balcão de sushi tão logo o chefe possa produzi-los. Eles também são um perfeito pedaço da festa. Convide seus amigos para fazerem eles mesmos – tudo que você faz é preparar os ingredientes e mostrar como combiná-los. Qualquer enchimento de maki é adequado para o temaki.

1. Corte o nori de baixo para o meio, de modo que cada folha renda dois pedaços retangulares. Coloque a primeira folha de nori com o lado mais fino para baixo na superfície do trabalho. Coloque 50 g de sushi de arroz frio em um círculo plano ao redor no lado esquerdo do nori. Então, enfie 2 a 3 grãos de arroz no canto inferior do nori da mão direita para ajudar a selar o temaki depois.

2. Besunte um pouco do wasabi no centro do círculo do arroz.

3. Coloque seu enchimento escolhido diagonalmente através do meio do nori de modo que fique para fora no topo do canto da mão esquerda.

4. Erga o canto inferior do nori da mão esquerda e atravesse o enchimento, enrolando o temaki até formar um cone.

5. Use o arroz que você previamente enfiou na parte inferior do canto da mão direita para selar o nori.

6. Entregue diretamente o temaki terminado aos seus convidados, ou coloque em uma bandeja, e repita o processo com os ingredientes remanescentes.

temaki verde

rendimento ••••

400 g de sushi de arroz preparado (veja página 15)
1 abacate maduro
4 folhas de nori
50 g de folhas de mizuna
20-40 cebolinhas
80 g de kappa ou outro picles japonês

para servir
wasabi, gengibre em conserva e molho de soja

Cozinhe o sushi de arroz de acordo com as instruções na página 15. Enquanto isso, corte em quatro e tire a pele do abacate, depois, corte cada ponta em dois pedaços.

Corte o nori de baixo para o meio, de modo que você tenha 8 metades de folha no total. Coloque uma folha de nori com o lado mais fino para baixo na superfície do trabalho e coloque 50 g de sushi de arroz frio em um círculo plano ao redor no lado esquerdo. Então, enfie 2 a 3 grãos de arroz no canto inferior do nori da mão direita para ajudar a selar o temaki depois.

Para cada temaki use um punhado de folhas mizuna, uma ponta do abacate, algumas cebolinhas e 1/8 dos picles e coloque o enchimento no meio do arroz de modo que ele fique para fora no canto superior da mão esquerda.

Erga o canto inferior do nori da mão esquerda e atravesse o enchimento, enrolando o temaki até formar um cone usando o arroz na parte inferior do canto da mão direita para selar o nori. Repita com os ingredientes remanescentes e sirva com wasabi, gengibre em conserva e molho de soja.

temaki de *yellowtail* com rúcula, shiso e feng mayo

rendimento ::::

400 g de sushi de arroz preparado (veja página 15)

50 ml de feng mayo (veja página 44)

4 folhas de nori

50 g de folhas de rúcula

16 pedaços de nigiri de *yellowtail*

1 maço de agrião

para servir

wasabi, gengibre em conserva e molho de soja

Cozinhe o sushi de arroz de acordo com as instruções na página 15. Enquanto isso, se você não tiver feito, faça o Feng Mayo e coloque em uma garrafa de compreensão.

Corte o nori de baixo para o meio, de modo que você tenha 8 metades de folha no total. Coloque uma folha de nori com o lado mais fino para baixo na superfície do trabalho e coloque 50 g de sushi de arroz frio em um círculo plano ao redor no lado esquerdo. Então, enfie 2 a 3 grãos de arroz no canto inferior do nori da mão direita para ajudar a selar o temaki depois.

Coloque o enchimento no meio do arroz de modo que fique para fora no topo do canto da mão esquerda. Primeiro, uma pitada generosa de mayo, então 1/8 das folhas de rúcula, dois pedaços de nigiri de *yellowtail* e um punhado de agrião.

Erga o canto inferior do nori da mão esquerda e enrole o temaki até formar um cone usando o arroz na parte inferior do canto da mão direita para selar o nori. Repita com os ingredientes remanescentes e sirva com wasabi, gengibre em conserva e molho de soja.

tempurá

Tempurá são vegetais ou peixes cobertos com uma massa leve e frita. Alguns acreditam que a ideia chegou no Japão com os portugueses, na metade do século 15. Centenas de anos mais tarde, o tempurá de besugo (pargo) envolto em folha de shiso havia se tornado um prato exclusivo. Mais tarde, a técnica espalhou-se nas barracas de comida de rua, onde os trabalhadores ocupados passavam para comprar o tempurá para uma refeição rápida. No Japão, há restaurantes especializados em tempurá. Os mais renomados usam o óleo de gergelim puro não torrado para as frituras, enquanto os estabelecimentos mais simples utilizam uma pequena quantidade de óleo de gergelim torrado misturado com uma alta proporção de outros óleos, tais como o óleo de soja ou de milho. Gosto de usar o óleo de girassol que parece resultar em uma comida mais leve.

fazendo tempurá

Quando se pensa em uma comida frita, pessoas do ocidente tendem a saborear uma massa dourada, contudo a massa de tempurá japonesa é mais pálida na cor. Para fazer 500 ml de massa você precisará de 500 ml de água fria gelada e 250 g de farinha de tempurá (mais um extra para sovar). Alternativamente, comece com 500 ml de água gelada e adicione em 1 gema de ovo, 40 g de farinha de trigo e 250 g de farinha autolevedante.

1. Pegue uma jarra de água fria gelada e acrescente a farinha dentro da água. Nunca acrescente a água na farinha.

2. Gentilmente mexa os ingredientes juntos de modo que a massa tenha a consistência de creme duplo com pequenos caroços de farinha. As bolhas de ar e as protuberâncias da farinha ajudarão a fazer o tempurá crepitar – depois coloque a massa na geladeira por 30 minutos para deixar esfriar.

3. Passe todos os ingredientes na farinha de tempurá. Isso assegurará um melhor revestimento da massa.

4. Aqueça o óleo a 180°C em uma frigideira funda ou um *wok* pesado. Remova a massa fria da geladeira e mergulhe os ingredientes nela. Use pegadores (pinças) para retirar cada pedaço da massa e colocá-lo rapidamente no óleo quente, movendo delicadamente o tempurá para frente e para trás no óleo, antes de deixá-lo imóvel na base da panela.

5. Nunca frite mais do que seis pedaços de tempurá por vez. Isso assegura que a temperatura do óleo não goteje significativamente quando você acrescentar os ingredientes, os quais farão o tempurá absorver um pouco do óleo e demore demais para fritar. Isso ajuda também a evitar que o tempurá grude.

6. Deixe o tempurá pronto escorrer sobre folhas de papel toalha e tempere com sal antes de servir.

Molhos bastante condimentados, como as duas receitas aqui apresentadas, que realçam o sabor do tempurá e ajudam a cortar a gordura da massa frita. Outros temperos normalmente servidos com o tempurá são mostrados abaixo. O rabanete ralado é especialmente importante, pois auxilia a digestão.

Base de kimchee

Pó de shichimi

Gengibre em conserva picado

Óleo de malagueta

Doce tailandês de molho de pimenta

molhos e acompanhamentos

molho de tempurá básico
rende cerca de 550 ml

250 ml de molho de soja
250 ml de água fervente
2 colheres de sopa pó dashi
2 colheres de sopa de açúcar
1 colher de sopa de gengibre em conserva fatiado
½ colher de chá de pó de shichimi

Combine todos os ingredientes em uma caneca de medir grande. Despeje em uma garrafa de compreensão e guarde na geladeira, onde será mantido por até 2 semanas.

molho vegetariano
rende cerca de 550 ml

250 ml de molho de soja
250 ml de água fervente
2 colheres de sopa de variedade de vegetais de boa qualidade
2 colheres de sopa de açúcar
1 colher de sopa de gengibre em conserva fatiado
2 colheres de sopa de sementes de gergelim pretas e brancas (gergelim misto)

Combine todos os ingredientes em uma caneca de medir grande. Despeje em uma garrafa de compressão e guarde na geladeira, onde será mantido por até 2 semanas.

Rabanete ralado
Sal
Molho vegetariano
Molho de tempurá básico

tempurá vegetariano

rendimento • • • •

Fazer uma quantidade de tempurá vegetariano é a oportunidade perfeita para aprimorar a técnica antes de avançar para ingredientes mais caros como o peixe. Em princípio, qualquer vegetal pode ser frito na massa de tempurá; esta receita contém alguns dos meus favoritos.

500 ml de massa de tempurá básica (veja página 118)
1 beterraba
1 beterraba amarela
¼ abóbora
2 cogumelos shitake frescos e grandes
4 cogumelos-ostras
2 berinjelas
1 abobrinha pequena
1 pimenta suave pequena, como a romano doce
2 litros de óleo de girassol para fritar o tempurá e para salpicar
sal

para servir
400 g de sushi arroz preparado (veja página 15)
4 colheres de sopa de sementes tostadas de gergelim
200 ml de molho vegetariano (veja página 121)
100 g de rabanete ralado

Faça uma massa de tempurá de acordo com a receita na página 118 e coloque na geladeira para esfriar.

Os vegetais precisam ser cortados em pedaços de tamanho similar para que cozinhem uniformemente. Não descasque a beterraba ou a abóbora, simplesmente corte em discos de ½ cm de grossura.

Apare a base dos cogumelos shitake e então os corte pela metade, deixando o talo preso. Os cogumelos-ostra podem ser deixados inteiros. Parta ao meio as berinjelas, mas deixe os talos intactos (eles não são comestíveis mas têm uma aparência atraente). Corte a abobrinha e a pimenta diagonalmente em formas ovais de ½ cm de grossura.

Aqueça o óleo de girassol a 180ºC em uma frigideira funda ou panela com um fundo grande. Coloque a farinha de tempurá em uma vasilha e remova a massa da geladeira. Trabalhando com uma variedade por vez, passe os vegetais na farinha de tempurá e em seguida os mergulhe na massa. Frite as raízes dos vegetais e a berinjela por 2,5 a 3 minutos; as pimentas, a abobrinha e os dois tipos de cogumelo por 1 minuto e meio.

Transfira o tempurá cozido para uma bandeja forrada com papel toalha absorvente para absorver o óleo. Tempere com sal.

Divida o arroz de sushi em quatro porções e forme-os em um triângulo usando um molde de nigiri, ou use outra ferramenta tal como um cortador redondo. Coloque uma porção de arroz em cada prato que será servido, decore com sementes de gengibre e empilhe os vegetais tempurá ao redor do arroz. Sirva imediatamente coberto com molho e rabanete ralado.

tempurá de atum com óleo malagueta

tempurá

tempurá de salmão, endro e tobiko

tempurá de atum com óleo malagueta

rendimento

Acrescentar um crocante extra ou sabor à massa da tempurá rende uma variação brilhante. A receita seguinte é perfeita para servir como um lanche com cerveja gelada em um dia quente.

250 ml de massa de tempurá básica (veja página 118)
1 colher de sopa de base kimchee
1 colher de sopa de pó shichimi
2 litros de óleo de girassol para fritar
150 g de bloco de sashimi de atum
farinha de tempurá
sal

para servir
100 ml de molho malagueta doce tailandês

Faça meia quantidade de farinha de tempurá básica de acordo com a página 118, acrescentando a base do kimchee e pó shichimi à farinha. Coloque a massa na geladeira para descansar e esfriar.

Aqueça o óleo de girassol a 180ºC em uma frigideira funda ou caçarola de fundo grande a 180ºC. Corte o lombo do atum em 12 pedaços aproximadamente 1 cm de grossura e vire-os gentilmente na farinha.

Quando o óleo estiver pronto, mergulhe o atum na massa fria e, trabalhando com seis pedaços de uma vez, frite por cerca de 2 minutos ou até que estejam levemente dourados. Transfira a tempurá cozida para uma bandeja com papel toalha para drenar. Tempere com sal e sirva com molho malagueta doce tailandês.

tempurá de salmão, endro e tobiko.

Este é meu toque escandinavo na tempurá. Siga a receita acima, mas ao invés de acrescentar a base kimchee e shichimi à massa da tempurá, gentilmente adicione 25 g de endro fatiado e 2 colheres de sopa de tobiko yuzu antes que você coloque a massa na geladeira para frisar. Substitua o atum por sashimi de salmão e sirva a tempurá cozida com 100 ml molho escandinavo de endro (veja página 43).

tempurá de camarão tigre ao pesto

rendimento

Aqui temos um verdadeiro e refrescante tempurá à moda italiana.

50 ml de feng pesto (veja página 44)
250 ml de massa de tempurá básica (veja página 118)
2 litros de óleo de girassol para fritar
12 camarões tigres crus, tamanho 16/20
farinha de tempurá
sal

para servir
100 ml de molho de tempurá básica (veja página 121)

Primeiro faça o Feng Pesto e molho de tempurá básica de acordo com as suas respectivas receitas. Transfira ambos para garrafas de compreensão.

Pegue meia quantidade de farinha de tempurá básica de acordo com a página 118 e adicione 50 ml de pesto de modo que ele seja distribuído por completo. Coloque a massa na geladeira para esfriar.

Aqueça o óleo de girassol a 180ºC em uma frigideira funda ou caçarola de fundo grande a 180ºC. Enquanto isso, descasque os camarões: tire as cabeças, remova as carapaças, mas deixe as caudas. Abra as costas e tire os intestinos. Mergulhe os camarões e seque com papel toalha, depois os passe gentilmente na farinha.

Quando o óleo estiver pronto, mergulhe cada camarão na massa e frite no óleo quente por cerca de 2 minutos, ou até dourar levemente. Não cozinhe mais do que seis camarões por vez. Transfira a tempurá cozida a uma bandeja com papel toalha para drenar. Tempere com sal e sirva com molho.

Dica: quando fritar os camarões, cuidadosamente segure-os pela cauda, mantendo suas mãos livres do óleo quente. Mova os camarões para frente e para trás no óleo por algumas vezes para ajudar a fazer uma tempurá grande e crepitada.

tempurá de lula com um crocante extra e pepino em salmoura

rendimento ● ● ● ●

Fubá prove um crocante extra a este tempurá. A salada de pepino é um toque de uma velha receita da minha avó que ela servia com frango assado inteiro e batatas. Mas aqui vai – encontrou seu caminho para a cozinha japonesa.

500 ml de massa de tempurá básica (veja página 118)
100 g de fubá
½ colher de sopa de pó shichimi
12 lulas
2 litros de óleo de girassol para fritar
sal

para o pepino em salmoura
10 cm de alga seca em pedaços
200 ml de vinagre
100 g de açúcar
1 pepino

Para iniciar uma salada de pepino, mergulhe as algas debaixo da água de torneira, então, coloque em uma panela com o vinagre e o açúcar. Aqueça essa mistura até que atinja o ponto de fervura, depois remova do calor e deixe de lado para esfriar.

Faça a massa de tempurá básica de acordo com a receita na página 118, acrescentando o fubá e o shichimi à farinha e 100 ml extras de água fria da caneca. Esfrie por inteiro.

Para continuar a salada de pepino: corte o pepino em um mandolin japonês e então coloque em uma bacia para misturar. Tire as algas da mistura de vinagre e despeje o líquido sobre o pepino. Deixe marinar por pelo menos 30 minutos.

Trabalhando debaixo de água de torneira corrente, remova a membrana de cada lula (parece um pedaço de plástico). Use seu indicador para remover qualquer tecido ou limo de dentro do corpo. Com uma tesoura, corte entre os olhos e a cabeça da lula, tirando os tentáculos. Descarte os olhos e quaisquer partes limosas. Corte cada corpo de lula em três pedaços. Mergulhe tudo uma vez mais em água fria e seque com papel toalha. Deixe de lado em uma vasilha.

Aqueça o óleo de girassol a 180ºC em uma frigideira funda ou caçarola de fundo grande a 180ºC. Passe as lulas na farinha e depois mergulhe na massa. Frite seis pedaços de lula por vez por aproximadamente 2 minutos ou até ficar levemente dourado.

Transfira a tempurá cozida em uma bandeja com papel de toalha par drenar. Tempere com sal e sirva com a salada de pepino em salmoura.

tempurá de camarão de coco mágico com manga e salsa papaia

rendimento ● ● ● ●

tempurá

Aqui está a versão do tempurá caribenho do meu noivo David. Nós frequentemente o servimos como aperitivo no verão, enquanto os convidados aguardam a verdadeira refeição sair da churrasqueira.

500 ml de massa de tempurá básica (veja página 118).
12 camarões tigre crus, tamanho 16/20
2 litros de óleo vegetal para fritar
farinha de tempurá
70 g de coco sem açúcar

para a manga e salsa de papaia
1 manga madura grande
1 papaia madura grande
1 cebola vermelha picada
suco de 2 limões
3 colheres de sopa de vinagre de vinho tinto
3 colheres de sopa de açúcar

Primeiro faça a salsa: descasque e tire a semente da manga e papaia, cortando a polpa em cubos de 1 cm. Combine a fruta em uma vasilha de mistura com cebola vermelha, suco de lima, vinagre de vinho tinto e açúcar e misture gentilmente. Cubra e coloque a salsa na geladeira por pelo menos 30 minutos.

Faça a massa tempurá básica de acordo com a receita na página 118 e deixe-a descansar na geladeira.

Remova as cabeças e jaquetas dos camarões, mas deixe as caudas intactas. Abra cada camarão e tire as fibras intestinais.

Aqueça o óleo de girassol a 180ºC em uma frigideira funda ou caçarola de fundo grande a 180ºC. Coloque farinha e o coco dessecado em pratos separados. Remova a massa fria da geladeira.

Trabalhando um de cada vez, espalhe os camarões na farinha, mergulhe na massa, então, role os camarões revestidos em coco antes de colocar no óleo quente. Frite por 2 minutos ou até dourar levemente.

Transfira a tempurá cozida a uma bandeja com papel toalha para secar brevemente e sirva imediatamente com a salsa de papaia e manga.

peixe estilo japonês e fritas com bacalhau e rémoulade

rendimento ● ● ● ●

Esta é minha fusão mais ambiciosa – Japão encontra Grã-Bretanha com um desvio dinamarquês. A influência dinamarquesa é a tradição de servir peixe e fritas com molho rémoulade; algo que foi totalmente proibido em minha infância e é apologeticamente central à minha receita Feng Sushi. Eu me consolo com o fato que o rémoulade caseiro sofre pouca ou nenhuma semelhança ao material comprado em loja. Além disso, eu usei batata-doce ao invés de um pouco de amido branco para as fritas, para que seja o mais próximo do que você consegue de uma festa livre do pecado e algo que nenhum pai devesse sentir mal ao servir criança… ocasionalmente.

A quantidade de vegetais em salmoura nesta receita é muito mais do que você precisará para uma quantidade de molho rémoulade, mas é o tipo de coisa que é impraticável para fazer em menores quantidades. Os vegetais se mantêm bem conservados quando mantidos na geladeira em salmoura, acondicionados em recipientes hermeticamente fechados, e você pode usá-los como um acompanhamento para muitas outras coisas. Eu uso bacalhau islandês sustentável para este prato, mas a cauda do frade também funciona bem.

peixe estilo japonês e fritas com bacalhau e rémoulade

1 filé de bacalhau, cerca de 600-700 g com pele
2 batatas-doces grandes
2 batatas Maris Piper grandes
3 litros de óleo de girassol para fritar

para a salmoura
2 cenouras grandes
2 abobrinhas grandes
400 g de couve-flor
400 g de brócolis
400 g de mandioca
400 g de abóbora
300 g açúcar
pequeno punhado de pimenta preta em grão
1 colher de sopa de pó de curry
1 colher de sopa de açafrão
1 pedaço de kombu ou 1 folha baio
vinagre de sushi
3-4 colheres de sopa de amido

para o molho rémoulade
1 ovo
2 gemas
4 colheres de chá de suco yuzu
4 colheres de chá de vinagre de sushi
1 colher de sopa de açúcar
100 ml de óleo de oliva
200 ml de óleo vegetal
200 ml de molho malagueta doce
pimenta, sal e açúcar

Para fazer a salmoura: descasque e corte todos os vegetais em cubos de 1 cm. Coloque em uma caçarola de fundo pesado com o açúcar, pimentas e kombu. Acrescente o suficiente vinagre de sushi para cobrir os vegetais por completo. Traga a fervura e cozinhe até que os vegetais estejam cozidos, mas ainda não muito crocantes.

Coloque um coador grande no topo de uma vasilha grande e drene os vegetais, poupando o líquido. Retorne todo líquido para a caçarola e ferva novamente. Dissolva a couve-flor em um pouco de água fria e gradualmente acrescente a mistura do vinagre para render uma consistência suave e grossa (você pode não precisar usar toda a couve-flor). Despeje o molho sobre os vegetais em salmoura, misture, e deixe de lado para esfriar.

Para fazer o molho rémoulade: coloque o ovo, as gemas, o suco yuzu, o vinagre de sushi e açúcar em um processador de comida e misture até que fique branco e fofo. Combine os dois óleos e acrescente-os à mistura gradualmente, misturando para render uma consistência uniforme. Depois despeje o molho de malagueta doce.

Pegue uma quantidade de vegetais em salmoura similar ao volume total de molho e acrescente ao processador de comida. Bata a mistura apenas o suficiente para render um molho granuloso e grosso. Tempere a gosto com pimenta, sal e açúcar.

Prepare a massa da tempurá: inicie com uma jarra de água gelada e gradualmente acrescente as farinhas combinadas até que a mistura esteja granulosa e arenosa. Coloque na geladeira.

tempurá

para a massa
1 litro de água fria gelada
400 g de farinha de tempurá japonesa
100 g de farinha de trigo
farinha de tempurá

Mergulhe o peixe e seque com papel toalha. Coloque o bacalhau na tabua e corte o file no meio, seguindo a linha do osso das costas. Apare qualquer parte flácida e descarte. Corte o file diagonalmente em pedaços de 1 cm de grossura, trabalhando em um ângulo de 45 graus de modo que cada pedaço seja cortado no viés. Você deverá ter 16 a 18 pedaços.

Corte as variedades de batatas em formato para fritar. Mantendo as fornadas separadas, mergulhe-as em água fria e deixe drene em um coador. Aqueça o óleo a 180ºC em uma frigideira não aderente ou uma panela de fundo pesado. Quando o óleo estiver pronto, frite as batatas Mary Piper por dois minutos, então acrescente as batatas-doces e continue fritando por mais 8 minutos. Drene as batatas fritas no papel toalha e tempere com sal.

Espalhe os pedaços de bacalhau na farinha, então mergulhe em massa de tempurá gelada. Frite por 2 a 3 minutos ou até dourar levemente, então drene no papel toalha e tempere com sal e pimenta. Monte as batatas em um prato de servir, coloque o bacalhau acima e chuvisque o molho rémoulade antes de servir.

sushi com tempurá

Sushi com tempurá é o perfeito balanço de beleza e impróprio. Acrescentando apenas uns poucos pedaços de tempurá crocante a um rolo de maki ou temaki rende o efeito máximo sem encher de calorias. Estes rolos são bons para dividir e quando servidos em combinações com outros pratos, permitem que você aproveite comidas fritas cheias de sabor enquanto mantém a refeição magra.

tempurá

rolo de cogumelo shitake com cebolinha e molho teriyaki

rendimento

Cogumelos shitake, uma boa fonte de antioxidantes, são categorizados como um ingrediente umami, comidas com o "quinto gosto" que é encontrado tão frequentemente na cozinha japonesa. Este maki de dentro para fora com enchimento frito tem muito de sabor e textura.

4 colheres de chá de molho teriyaki simples (veja página 44)

280 g de arroz de sushi preparado (veja página 15)

250 ml de massa de tempurá básica (veja página 118)

6 cogumelos shitake frescos

2 litros de óleo de girassol para fritar a massa do tempurá

2 folhas de nori

50 g de sementes de gergelim misto (preto e branco)

1 agrião, folhas escolhidas, algumas reservadas para decorar

10-20 fios de cebolinha verde

para servir

Mooli, pasta de wasabi, gengibre em conserva e molho de soja

Se você não tiver feito, faça o molho teriyaki como descrito na página 44 e decante em uma garrafa de compressão.

Cozinhe o sushi de arroz conforme as instruções na página 15 e, enquanto o arroz está fervendo, faça meia quantidade de massa tempurá na página 118 e coloque na geladeira para descansar.

Limpe os cogumelos shitake com uma escova de massas, apare a base dos caules, e corte os cogumelos na metade deixando os caules presos.

Aqueça o óleo vegetal a 180ºC em uma frigideira não aderente ou panela de base funda. Empane o shitake na farinha, mergulhe na massa de tempurá fria e frite por alguns minutos até que doure e crepite. Transfira a tempurá cozida a um prato com papel toalha para drenar.

Quando o sushi de arroz estiver pronto, enrole em maki seguindo as figuras na página 100, se necessário. Coloque uma folha de nori no tapete de bambu, espalhe 140 g de sushi de arroz cozido sobre a superfície inteira e chuvisque com as sementes de gengibre e a maioria do agrião. Agite a forma de modo que a alga seja desenformada. No meio do maki, coloque uma linha de molho teriyaki, tempurá shitake e cebolinhas. Enrole o maki firmemente, selando pela compressão da ponta de cima do nori debaixo da ponta inferior. Repita com os ingredientes remanescentes.

Corte cada rolo em oito pedaços, descartando as pontas, decore com o agrião remanescente e sirva com os acompanhamentos tradicionais.

rolo de dentro para fora de camarão tigre com aspargo tailandês e feng mayo

rendimento

Este é rolo de maki é fantástico, provavelmente o segundo maki mais popular no mundo de sushi ocidental – maki Califórnia tendo uma primeira posição forte.

280 g arroz de sushi preparado (veja página 15)

250 ml de massa básica para tempurá (veja página 118)

4 colheres de chá de Feng Mayo (veja página 44)

1 maço pequeno de aspargo tailandês

4 camarões-tigre crus (calibre 16/20)

2 litros de óleo de girassol para fritar o tempurá e para salpicar o prato

2 folhas de nori

50 g de sementes de gergelim misto (preto e branco)

para servir

mooli, pasta de wasabi, gengibre em conserva e molho de soja

Cozinhe o o arroz de sushi conforme as instruções na página 15 e, enquanto o arroz está fervendo, misture meia quantidade de massa para tempurá de acordo com a página 118 e deixe descansar na geladeira.

Se você não tiver já pronto, faça o Feng Mayo como descrito na página 44 e coloque em uma garrafa de compressão.

Em uma panela, ferva a água temperada com sal. Escalde os aspargos por um minuto, então mergulhe em água gelada.

Descasque os camarões tigres, removendo os intestinos, então, mergulhe e seque. Espete os camarões da barriga para a cauda para esticá-los e faça o maki fácil para enrolar.

Aqueça o óleo vegetal a 180ºC em uma frigideira não aderente ou panela de base funda. Empane os camarões na farinha, mergulhe na massa de tempurá fria e frite por alguns minutos até dourar e crepitar. Transfira para um prato com papel toalha para drenar, depois, remova os espetos dos camarões.

Quando o sushi de arroz estiver pronto, enrole em maki seguindo as figuras na página 100, se necessário. Coloque uma folha de nori no tapete de bambu, espalhe 140 g de sushi de arroz cozido sobre a superfície inteira e chuvisque com as sementes de gengibre. Agite a forma de modo que a alga seja desenformada. No meio do quadrado, coloque uma fileira de maionese, aspargos e tempurá de camarões tigres. Enrole o maki firmemente, selando pela compreensão da ponta de cima do nori debaixo da ponta inferior.

Corte cada rolo em oito pedaços, descartando as pontas e sirva com os acompanhamentos tradicionais.

tempurá de temaki de salmão com ikura e tobiko yuzu

rendimento ::::

O salmão merece seu lugar no mundo do sushi. Não obstante, eu achei mais seguro comer este belo peixe cozido. Como você já "empurrou o barco" para esse prato eu recomendo terminá-lo em estilo com um pouco de pérolas marinhas ikura e tobiku.

400 g de sushi de arroz preparado (veja página 15)
250 ml de massa de tempurá básica (veja página 118)
50 ml de feng mayo (veja página 44)
80 g de salmão
2 litros de óleo de girassol para fritar
farinha de tempurá
4 folhas de nori
100 g de folhas mizuna
40 g de ikura (ovos de salmão)
40 g de yuzu tobiko

para servir
mooli, pasta de wasabi, gengibre em conserva e molho de soja

Prepare o arroz de sushi seguindo as instruções na página 15. Enquanto o arroz está cozinhando, faça meia quantidade de receita de massa tempurá, na página 118 tem o modo como fazer e deixe descansar na geladeira. Se você não tiver feito, faça o feng mayo como descrito na página 44 e coloque na garrafa de compressão.

Corte o estilo sashimi de salmão em oito pedaços seguindo as figuras na página 19 se necessário.

Aqueça o óleo vegetal a 180ºC em uma frigideira não aderente ou panela de base funda. Empane o salmão na farinha, mergulhe na massa de tempurá fria e frite por alguns minutos até dourar e crepitar. Drene em um prato com papel toalha.

Corte cada folha de nori na metade para render um total de oito pedaços. Quando o sushi de arroz tiver esfriado, faça o temaki seguindo as figuras na página 112, se necessário. Coloque uma folha de nori voltada para baixo e coloque 50 g de sushi em um círculo plano redondo no lado esquerdo. Enfie 2 a 3 grãos de arroz na ponta inferior direita, para ajudar a selar o temaki depois.

Coloque o enchimento no meio do arroz de modo que fique para fora no canto superior da mão esquerda: use um oitavo do mizuna, um pedaço da tempurá de salmão e uma pitada de mayo por temaki. Erga a parte inferior da mão esquerda da alga e enrole o nori em um cone, usando os grãos de arroz para selar o nori. Repita com os ingredientes remanescentes.

Coloque o temaki em taças altas e decore com o ikura e yuzu tobiko, então, sirva com os acompanhamentos de sushi tradicional.

Roberto, um velho chefe mexicano, primeiro me apresentou esta combinação. Ele fazia muitas vezes o sushi da forma que é feita na sua terra natal para os funcionários que estavam cansados da saudável versão japonesa e que desejavam algo mais rico. Nós apelidamos de massa de vereda tripla por seu rico requeijão e técnica de dupla fritura, mas eu tenho reinventado aqui em uma encarnação de aprendiz usando o atum. Este prato ainda não é santo, mas é uma delícia dividir e ter provado um sucesso estelar com clientes do Feng Sushi.

Primeiro prepare o sushi de arroz seguindo o método na página 15. Enquanto o arroz está cozinhando, faça a massa da tempurá seguindo a receita que está na página 118 e deixe descansar na geladeira. Corte o atum em seis pedaços, não mais que ½ cm de grossura mas cerca de 3 cm de diâmetro.

Aqueça o óleo vegetal a 180ºC em uma frigideira não aderente ou panela de base funda. Empane o atum na farinha, mergulhe na massa de tempurá fria e coloque em óleo quente. Frite por alguns minutos até dourar e crepitar. Deixe de lado para drenar em um prato com papel toalha e borrife com sal. Remova o óleo do calor e deixe de lado com a massa de tempurá remanescente.

Forme rolos de maki referindo-se às figuras na página 89, quando necessário. Espalhe metade do sushi de arroz frio sobre uma folha de nori. Espalhe generosamente com 40 g de requeijão, 2 colheres de chá de base kimchee, metade da cebolinha picada e três pedaços de tempurá de atum. Enrole o maki muito firmemente – isso ajudará a manter a forma enquanto frita. Repita o processo para fazer um segundo rolo.

Retorne o óleo à 180ºC. Corte cada rolo de maki na metade. Empane cada pedaço na farinha, mergulhe na massa de tempurá remanescente e frite por 2 minutos. Drene brevemente no papel toalha e então, cuidadosamente, corte cada rolo de maki em cinco pedaços e sirva-os imediatamente com os acompanhamentos tradicionais.

240 g de sushi de arroz preparado (veja página 15)
500 ml de massa de tempurá básica (veja página 118)
100 g de atum *yellowtail*
2 litros de óleo de girassol para fritar
farinha de tempurá
sal
2 folhas de nori
80 g de requeijão philadelfia
4 colheres de chá de base kimchee
1 cebolinha picada

para servir
Mooli, pasta wasabi, gengibre em conserva e molho de soja

maki de atum frito

rendimento

ocidente|oriente
macarrão e arroz

Não há nada como o macarrão japonês para simplicidade: um pouco de ingredientes em uma vasilha e você terá uma refeição mágica. Contudo, eu acho que os esforços para reproduzir pratos de macarrão autênticos fora do Japão frequentemente fracassam, então, decidi ter uma aproximação diferente na seção de macarrão no cardápio do Feng Sushi. Tornou-se nosso playground. Eu estava buscando pela alma da comida – pratos nutritivos com profundos sabores. Trabalhando com chefes, nós fizemos uma tour global de força, incorporando ingredientes finos de vários países dentro da culinária japonesa.

Spaghetti esta massa de trigo fina da Itália rende um substituto razoável para os macarrões de trigo japonês, e é o preferido para algumas receitas de fusão.

Macarrões soba em japonês soba significa trigo sarraceno, assim como os macarrões feitos dele. Os macarrões soba podem ser tanto uma mistura de trigo sarraceno com farinha de trigo, ou 100 por cento de farinha de sarraceno, a massa mais forte no sabor, e mais saudável. Cozinhe por 6 a 7 minutos em muita água fervente.

Chasoba macarrões soba saborosos e coloridos com pó de chá verde. Cozinhe como macarrão soba comum, misturado com macarrão estantâneo se preferir.

macarrões

Macarrões udon fino
feito de trigo, estes macarrões secos devem ser cozidos por 6 a 8 minutos ou até ao dente.

Macarrões japoneses originaram-se na China, mas têm sido uma parte importante da dieta japonesa por séculos. Na Europa, eles foram conhecidos primeiro e principalmente por seu uso em pratos fritos asiáticos, mas ele são agora vistos como uma grande alternativa à massa e têm se tornando muito popular. De fato, bons macarrões podem ser usados como um substituto para os macarrões de trigo japonês. Ramen (macarrões de trigo estilo chinês) também funcionarão com a maioria das receitas nesse capítulo, assim como o arroz vermicelli. Quando chega a qualidade de aferição, os macarrões são muito similares às massas; as marcas orgânicas e de classificação média tendem a possuir um melhor sabor do que as linhas mais baratas. Macarrões vendidos em lojas de comida são frequentemente de qualidade superior. Eu prefiro macarrões cozidos ao dente (tenro, com um pouco de mordida remanescente) em um pote de água fervente salgada e, uma vez feito, gosto de mergulhar em água fria para dar um brilho extra, antes de aquecê-los na sopa ou molho com os quais serão servidos.

Se mantivermos o macarrão cozido na geladeira, eu sempre coloco um pouco de óleo de oliva para garantir que não grudem.

Macarrões somen
macarrões de trigo fino que somente precisam de 2 minutos de cozimento.

Maçarrões udon grosso
estes são pré-cozidos e portanto muito fáceis de preparar. Eles precisam apenas de dois minutos de fervura.

lula bebê grelhada, feijões franceses e ovos de codorna em sopa de somen

rendimento ● ● ● ●

Há algo realmente bizarro sobre as lulas. A preparação é como um minifilme de horror, contudo é fácil de fazer e elas têm uma textura muito mais gostosa do que seus pais. Compre lulas bebês frescas: a versão congelada é muito cara e menos tenra.

16 lulas bebês, com tentáculos
300 g de feijão francês, aparado
300 g de macarrões somen secos
8 ovos de codorna
100 g de molho teriyaki simples (veja página 44)
4 colheres de sopa de pó dashi
100 ml de azeite de oliva
sal e pimenta
2 colheres de chá de flocos "bonito"

Limpe as lulas em água corrente e remova a membrana dura dos corpos – parece como um pedaço de plástico. Remova qualquer tecido leve usando seu indicador. Corte entre os olhos e tentáculos, descartando os olhos e quaisquer pedaços viscosos. Mergulhe em água fria, seque e deixe de lado.

Traga um pote de água salgada à fervura, acrescente os feijões, e cozinhe por dois minutos. Remova os feijões usando pinças e mergulhando em água gelada. Drene e deixe de lado. Cozinhe os macarrões no mesmo pote de água fervente por 2 minutos, então drene, mergulhe e deixe o resto em um coentro.

Traga uma pequena panela de água salgada à fervura. Cuidadosamente coloque os ovos de codorna dentro da água e cozinhe por dois minutos. Seque e esfrie debaixo da água de torneira. Descasque os ovos, corte na metade e deixe de lado.

Para fazer a sopa, combine o molho teriyaki, o dashi e 1,5 litros de água fervente em uma caçarola grande ou *wok* e traga à fervura. Acrescente os macarrões e reaqueça gentilmente.

Enquanto isso, divida o óleo em duas vasilhas e tempere cada uma com sal e pimenta. Acrescente a lula a uma tigela, e os feijões a outra. Mexa gentilmente para assentar. Aqueça uma forma redonda e quando começar a esfumaçar, cozinhe a lula e os feijões até tostar e torrar levemente.

Para organizar o prato, divida os macarrões e a sopa em quatro pratos de servir. Acrescente os ovos de codorna, os feijões e as lulas e finalmente decore com um pequeno maço de flocos "bonito".

curry vermelho estilo japonês com somen
rendimento • • • •

Supermercados e lojas asiáticas contêm a maioria dos ingredientes para este prato. A versão japonesa da pasta curry vermelha é simples de fazer, contudo, você pode substituir por uma marca tailandesa autêntica. Não vale a pena tentar fazer uma pequena quantidade, então a receita aqui rende cerca de 200 ml de pasta curry, que poderá ser mantida em uma jarra esterilizada na geladeira por três meses.

- 200 g de cogumelo de shitake fresco
- 200 g mooli com cerca de 15 a 20cm
- 200 g de berinjelas
- 200 g de abóbora
- 200 g quiabo
- 2 colheres de sopa de óleo vegetal
- 3 colheres de sopa cheias de pasta curry vermelha japonesa (veja abaixo)
- 400 g de leite de coco enlatado
- 50g de coco cremoso
- 4 folhas de lima kafir
- 1 caule de capim-limão
- 2 colheres de chá de molho de peixe tailandês
- 300 g de macarrão somen seco
- pequeno maço de coentro

para a pasta de curry vermelho japonês

- 3 pequenas chalotas
- 50 g de gengibre fresco
- 3 dentes de alho
- 3 pimentões vermelhos
- 1 caule de capim-limão ou se preferir, meio limão
- 1 colher de sopa de pó dashi
- 1 colher de sopa de base kimchee
- 1 colher de sopa de cominho
- 1 colher de sopa de páprica
- 50 ml de óleo de oliva extravirgem

Para fazer a pasta de curry vermelho japonês: descasque as chalotas, o gengibre, o alho, tire as sementes dos pimentões e corte bem picado. Remova a camada externa do caule do limão e corte em anéis finos. Combine todos os ingredientes, mais o dashi, a base kimchee, o cominho e a páprica em um pilão grande ou processador de comida. Inicie moendo os ingredientes em uma pasta grossa, adicionando óleo gradualmente. Deixe de lado.

os cogumelos até que fiquem limpos e então os corte, deixando os caules. Descasque o mooli e corte em juliene de 5 cm de comprimento. Corte as berinjelas em quatro, deixando os caules. Reduza ao meio as abóboras e tire as sementes e a parte principal. Corte de comprido novamente para render quatro pedaços e então corte em pedaços de ½ cm. Apare os quiabos se necessário.

Aqueça o *wok*, acrescente o óleo vegetal e, quando aquecido, frite a pasta curry por alguns minutos para garantir os sabores. Misture o leite de coco, coco cremoso e 1 litro de água fervente. Acrescente os vegetais, mais as folhas lima, o limão e o molho de peixe e ferva por 10 minutos.

Enquanto isso, em uma panela grande de água fervente, cozinhe o somen por 2 minutos. Coe e então mergulhe em água fria e divida entre quatro vasilhas de macarrão grande. Ponha uma concha do curry vegetal vermelho sobre os macarrões e sirva decorado com coentro.

Dica: para uma versão de festa de um jantar especial desse prato, acrescente 500 g de camarões tigres crus, ao mesmo tempo em que você acrescenta os vegetais. Deixe as caudas para colorir e dar sabor.

molho de coentro wakame, pancetta e soba

rendimento ● ● ● ●

ocidente/oriente macarrão

Molho de wakame é baseado em tofu e absolutamente fantástico! É uma crença além do versátil e pode ser servido com quase todas as batatas, pastas, macarrões ou carnes. O modo super saudável para serví-lo com arroz marrom ou salada mooli se você estiver desintoxicando ou em dieta: tofu é uma fonte perfeita de proteína vegetal. Contudo, nesta receita, eu adicionei um pouco de ousadia na forma de preparar uma boa panceta italiana.

300 g de chasoba (macarrão soba de chá verde) ou uma mistura de 150 g chasoba e 150 g de macarrão soba
2 colheres de sopa de óleo vegetal
200 g de pancetta, bem picada

para molho wakame
20 g alga wakame seca
120 g de folhas de coentro
½ cesta de cebolinha, fatiada
1 dente de alho grande, picado
20 g de gengibre em conserva, ou gengibre fresco, descascado
200 g de tofu firme
40 ml de óleo de oliva
4 colheres de sopa de molho de soja
4 colheres de sopa de óleo de gergelim
1 colher de sopa de mel
1 colher de sopa de pó dashi
sal e pimenta

Para fazer o wakame: coloque a alga em uma pequena bacia, cubra com água e deixe de lado para reidratar.

Coloque o coentro em um processador de comida com as cebolinhas, o alho e o gengibre. Parta ou corte o tofu em pedaços e acrescente à máquina. Em uma pequena caneca de medição combine o óleo de oliva, o molho de soja, o óleo de gergelim, mel e dashi com 40 ml de água fervente. Ligue o processador e gradualmente adicione o líquido, misturando até que o molho tenha a consistência de uma maionese grossa. Transfira o molho para uma vasilha de mistura. Drene o wakame, adicione ao molho e tempere a gosto com sal e pimenta.

Traga um pote de água à fervura e cozinhe os macarrões por 6 a 7 minutos até que eles estejam tenros mas ainda tenham alguma mordida. Drene o macarrão em um coador.

Enquanto isso, aqueça uma colher de óleo vegetal em *wok* e cozinhe a pancetta gentilmente até que doure levemente e apenas crepite. Transfira para um pedaço de papel toalha por alguns minutos para absorver o excesso de gordura, e descarte o óleo no *wok*.

Retorne o *wok* ao fogo médio e acrescente uma colher de óleo fresco. Acrescente os macarrões cozidos, a pancetta e finalmente o molho wakame, mexendo constantemente até que os ingredientes estejam aquecidos. Sirva imediatamente.

espaguete com compota de pimentão, castanha de caju e pimentas

rendimento ● ● ● ●

A compota de pimentão leva algumas horas para cozinhar, contudo é um processo muito terapêutico e perfeito para domingos chuvosos quando você está sem fazer nada em casa. Este sabor versátil traz profundidade instantânea a muitos pratos, desde pastas, arroz e macarrões, peixe e aves domésticas. A receita é derivada de um livro excelente do chefe australiano Christine Manfield.

300 g de espaguete seco

óleo de oliva

1 cebola vermelha grande, bem picada

2 colheres cheias de sopa de compota de pimentão

100 g de castanha de caju crua

2 pimentões vermelhos grandes, sem semente e bem picado

50 g de rúcula

sal e pimenta

para a compota de pimentão

350 g de pimentas vermelhas grandes, fatiadas

100 g de pimentas olhos de aves, fatiadas

2 cebolas marrons grandes, fatiadas

4 dentes de alho, fatiados

250 ml de óleo vegetal ou e girassol ou de semente de uva

20 g de pasta tamarindo

35 g de açúcar da palma

Prepare a compota de pimentão pelo menos um dia antes. Misture os pimentões, cebolas e alhos em um processador de comida e bata, gradualmente acrescentando óleo para fazer a pasta. Coloque dentro de uma caçarola de base pesada e cozinhe gentilmente sobre calor baixo por 6 a 7 horas, ou até que a pasta esteja grossa vermelha escura, mexendo a cada meia hora para evitar queimar ou grudar.

Enquanto isso, em uma vasilha pequena, embeba a pasta de tamarindo em 75ml de água quente. Use uma colher de chá para quebrar a pasta tanto quanto possível então deixe de lado por 20 minutos, agitando ocasionalmente. Peneire a mistura para render 75ml de tamarindo líquido. Dissolva o açúcar da palma (grelhe primeiro se necessário) no tamarindo e, então, quando a pasta de pimentão estiver grossa e vermelha escura, acrescente a mistura de tamarindo à panela e continue a cozinhar por mais uma hora ou mais, mexendo ocasionalmente. Deixe a compota de pimentão esfriar e armazene em uma jarra esterilizada na geladeira, onde será mantida por até 3 meses.

Traga à fervura um pote de água salgada e cozinhe o macarrão de acordo com as instruções do pacote. Seque e deixe de lado.

Coloque um *wok* sobre fogo médio. Acrescente um filete de óleo de oliva e frite a cebola ate amaciar. Acrescente 2 colheres de sopa cheias de compota de pimentão e agite até as cebolas ficarem bem revestidas. Acrescente as castanhas e pimentas vermelhas e frite por alguns minutos. Finalmente, acrescente o espaguete cozido e as rúculas e mexa até aquecer completamente. Tempere com sal e pimenta e sirva.

guisado de cogumelo com udon e parmesão ralado

rendimento • • • •

O cogumelo de shitake é um dos heróis indiscutíveis da cozinha japonesa, acrescentando sabor e textura a quase todos os pratos. Tanto o shitake fresco quanto o seco estão amplamente disponíveis no ocidente. A versão seca precisa ser reconstituída em água; a versão fresca custa um pouco mais, mas vale pelo gosto. Nessa receita você pode usar qualquer cogumelo disponível, tais como pintalgado, ostra, erva-moura, pied bleu ou trompete, para nomear alguns. Cogumelos são sensíveis, então a melhor maneira de limpá-los é escovando gentilmente com uma escova para pastas. Contudo, primeiro corte as pontas sujas, deixando (preservando) a maior parte do talo, pois estão cheios de sabor.

300 g de macarrão seco fino
100 g de queijo parmesão cortado em flocos

para o guisado de cogumelos
2 colheres de sopa de óleo de oliva
1 cebola grande bem picada
200 g de cogumelos mistos bem picados
200 g de cogumelos marrons cortados em quatro
100 g de cogumelos shitake fresco fatiados bem fino
125 ml de mirin
125 ml de saquê
2 a 3 colheres de sopa de farinha de milho
100 g de raminhos de salsa bem picados
50 g de salsinha bem picada
sal e pimenta

Para fazer o guisado: aqueça o óleo de oliva em uma *wok* e frite a cebola até dourar. Acrescente os cogumelos preparados e vire gentilmente no óleo, cozinhando por 8 minutos. Acrescente o mirin e o saquê, cubra com uma tampa e deixe ferver sobre um fogo brando por 20 minutos, agitando ocasionalmente.

Enquanto isso, cozinhe o macarrão em uma vasilha de água salgada fervente por 7 a 8 minutos até ficar ao dente, ou apenas cozido. Escorra o macarrão em um coador.

Dissolva a farinha de milho em 200 ml de água fria. Acrescente a farinha de milho dissolvida gradualmente ao guisado de cogumelo até que engrosse – você pode não precisar de toda a farinha.
Misture-o nas ervas frescas e tempere a gosto com sal e pimenta.

Remova metade do guisado do *wok* e deixe de lado em uma vasilha. Acrescente o macarrão ao *wok* e vire-o no guisado até que ele tenha aquecido por completo. Divida o macarrão em quatro grandes pratos, cubra com o guisado remanescente e complete com o queijo parmesão.

ocidente/oriente macarrão

guisado de abóbora marroquina com sopa de macarrão soba

rendimento • • • •

Essa receita é um encontro do Japão com a áfrica do norte, o que admito parece ser uma fusão muito ímpar de ingredientes. No entanto, é o melhor "comfort food" para aqueles primeiros dias de inverno, quando eu percebo que a hibernação está de volta sobre nós e eu busco por comidas que rendem energia. O sabor do guisado é melhor após alguns dias na geladeira, então é uma boa ideia fazer uma porção dupla.

800 g de abóbora
1 colher de sopa de cominho em pó
1 colher de sopa de coentro em pó
½ colher de sopa de shichimi ou outra pimenta em pó
½ colher de sopa de garam masala
100 ml de óleo de oliva
2 chalotas bem picadas
2 dentes de alho bem picados
500 ml de suco de tomates
70 g de sultana
70 g de pinhão
1 pedaço de canela
sal e pimenta
300 g de macarrão seco soba
4 colheres de sopa de pó dashi
100 ml de molho teriyaki (veja página 44)

Descasque a abóbora, tires as sementes e corte em cubos.

Toste o cominho, o coentro, o shichimi e a garan masala em uma frigideira não aderente sobre fogo baixo até aromatizar. Imediatamente transfira para um pequeno prato e deixe de lado.

Trabalhando em duas tigelas aqueça a metade do óleo de oliva em uma larga *wok* sobre fogo médio. Acrescente a metade das chalotas e dente de alho e frite até amolecer. Acrescente metade das pimentas tostadas e metade da abóbora e frite por outros 5 minutos, misturando para cobrir a abóbora com a mistura de pimentas. Transfira a mistura a um largo pote e repita com o óleo remanescente, as chalotas, o alho, as pimentas e a abóbora.

Acrescente o suco de tomates e 200 ml de água fria ao pote, então, misture as sultanas, os pinhões, a canela e um pouco de sal. Cubra e ferva por até 1 hora e ½, mexendo a cada 15 minutos. Quando todo o líquido tiver evaporado e a mistura for de uma cor escura, o guisado está pronto. Tempere a gosto com sal e pimenta.

Pouco antes do guisado estiver pronto, traga um pote de água salgada à fervura e cozinhe o macarrão soba por 6 a 7 minutos até ficar ao dente, ou apenas cozido. Enquanto isso, faça a sopa: misture o pó de dashi, o molho teriyaki e 1,5 litro de água fervendo em uma panela e traga à fervura.

Quando o macarrão estiver pronto, escorra e divida em quatro grandes pratos de macarrão. Cuidadosamente, coloque a sopa sobre cada porção e cubra com o guisado antes de servir.

ocidente/oriente macarrão

moules udon mariniere com tomates-cerejas e ervas frescas
rendimento ● ● ● ●

Moules mariniere é um dos pratos de mariscos melhor reconhecidos no mundo e certamente merece essa interpretação japonesa.

1,5 kg mexilhão
600 g de macarrão em naco congelado
2 colheres de sopa de óleo de oliva
2 chalotas bem picadas
2 dentes de alho, bem picados
100 g de salsa bem picada
175 ml de vinho branco seco
2 colheres de sopa de pó dashi
200 g de tomates-cerejas, cortados ao meio
50 ml de creme de leite
sal e pimenta
50 de manjericão picado

Esfregue os mexilhões usando um esfregão e muita água fria. Tire todos os pelos. Toque nos mexilhões que se abriram espontaneamente - se eles não se fecharem, estão mortos e devem ser descartados.

Coloque o macarrão congelado em uma vasilha grande e cubra com água fria. Ponha uma chaleira de água para ferver.

Aqueça o óleo de oliva em uma grande caçarola e gentilmente frite as chalotas e alho até dourar levemente. Mexa com a salsa e então acrescente 300 ml de água fervente da chaleira e o vinho branco. Coloque os mexilhões limpos na caçarola, cubra e cozinhe por 3 a 4 minutos, agite a panela ocasionalmente para assegurar que eles cozinharão por inteiro. Os mexilhões são feitos quando estiverem todos abertos. Usando uma escumadeira, coloque-os num prato e deixe de lado.

Acrescente um litro de água fervente aos sucos cozidos na panela. Então, adicione o pó dashi e os tomates cortados ao meio. Cozinhe por alguns minutos e mexa o creme e tempere a gosto com sal e pimenta.

Divida os macarrões entre quatro vasilhas grandes. Use uma concha para por as sopas sobre os macarrões, cubra com os mexilhões e decore com os manjericões. O prato está pronto para servir.

salmão teriyaki com salada soba morna

rendimento • • • •

Este é um Feng Clássico – meu melhor especial de vendas de todos os tempos. Após sete anos, eu tenho tentado tirar do cardápio, mas a equipe tem ameaçado greve, de tanto que eles gostam deste prato. É rápido, simples e gostoso. Para esta receita, eu uso o salmão Loch Duart, o qual não é apenas divinamente cru mas também cozinha perfeitamente. Peça para deixar a pele do salmão. Você precisará de cerca de meio lado para quatro pessoas. Como você pode ver na figura, eu gosto de cortá-lo diferente da forma tradicional do bife de salmão. Para fazer isso, corte ao meio e de comprido, ao longo da linha da espinha, então, corte cada pedaço diagonalmente em porções.

300 g de macarrão soba, ou uma mistura de 150 g de soba e 150 g de chasoba (macarrão de chá verde)

óleo de oliva, para fritar

4 filés de salmão, com cerca de 140 g cada

1 cebola vermelha grande, bem picada

2 dentes de alho, bem picados

100 g de pinhão

100 g de folhas de rúcula

para servir
200 ml de molho teriyaki simples (veja página 44)

Primeiro prepare o molho teriyaki de acordo com o método na página 44. Pre-aqueça o forno a 180°C. Traga uma panela grande de água salgada à fervura. Cozinhe as variedades de soba junto até ficar ao dente (ou tenra, mas com um pouco de mordida remanescente), então, escoe e deixe de lado em escorredor.

Para cozinhar o salmão: despeje uma boa dose de óleo de oliva em uma frigideira grande e coloque sobre o calor alto. Coloque os filés no óleo com o lado da pele para baixo e frite por 2 a 3 minutos. Tempere com sal e pimenta e então vire os filés e tempere novamente. Continue cozinhando por outros 2 a 3 minutos. Transfira o salmão para uma assadeira e coloque no forno por 6 a 8 minutos, ou até o salmão estar cozido por completo.

Derrame um pouco de óleo dentro do *wok* e frite a cebola e o alho até dourar. Acrescente os pinhões, a rúcula e os macarrões sobas cozidos e mexa até todos os ingredientes estarem aquecidos por completo.

Divida a mistura do macarrão entre quatro grandes pratos e coloque o salmão cozido cuidadosamente no topo. Borrife cada porção com o molho teriyaki antes de servir.

Primeiro lave o arroz seguindo as instruções na página 15. Então, deixe na peneira para secar por 30 minutos.

Enquanto isso, prepare meia quantidade de massa tempurá conforme a receita na página 118 e coloque na geladeira para descansar. Limpe a lula bebê (veja página 44) e coloque na geladeira.

Coloque uma chaleira de água para ferver. Coloque o pó dashi em uma caneca grande e cubra com 1 litro de água fervente da chaleira, mexendo para dissolver.

Aqueça o óleo de oliva em uma *wok* e frita as chalotas, o alho, o shitake e os pinhões até dourar. Acrescente o arroz de sushi e cozinhe, mexendo, por alguns minutos para garantir que todos os grãos estejam bem revestidos. Ponha uma concha cerca de 100 ml de caldo de dashi quente dentro do *wok* e agite até o líquido ter sido absorvido. Repita com uma outra concha de caldo de dashi, agitando até que tenha sido absorvida. Continue esse processo de acrescentar caldo e agitar até que o arroz seja cozido, mas os grãos ainda tenham um pouco de consistência.

Acrescente o molho teriyaki e o vinho de ameixa e agite até que estejam absorvidos. Tempere a gosto com sal e pimenta e então cubra, remova do calor e deixe de lado em um lugar morno.

Para preparar a tempurá de lula bebê: aqueça o óleo vegetal até 180ºC em uma caçarola grande de base pesada ou frigideira elétrica. Enquanto isso, corte o corpo de cada lula em 3 pedaços, de modo que tenha anéis grossos. Vire esses anéis e os tentáculos em uma vasilha de farinha tempurá, então, mergulhe na massa preparada e frite por 1 a 2 minutos, ou até dourar. Escorra a lula no papel toalha e tempere com sal.

Divida o risoto entre quatro vasilhas de servir e cubra com folhas de rúcula e parmesão ralado. Sirva com um prato de tempurá de lula ao lado.

300 g de arroz de sushi
2 colheres de sopa de pó dashi
2 colheres de sopa de óleo de oliva
2 chalotas, fatiadas
2 dentes de alho picados
6 cogumelos de shitake frescos, bem picados
50 g de pinhão
50 ml de molho teriyaki simples (veja página 44)
50 ml de vinho de ameixa
sal e pimenta
50 g de rúcula
50 g de queijo parmesão, grosseiramente ralado

para a tempurá de lula bebê
500 ml de massa de tempurá (veja página 118)
8 lulas bebês
farinha de tempurá, para empanar
2 litros de óleo vegetal, para fritar

risoto estilo japonês com tempurá de lulas bebê

rendimento ● ● ● ●

Em certos dias, a dieta de baixa caloria precisa ser posta de lado por comida de velho estilo, tal como este prato, que combina os melhores ingredientes japoneses e a cozinha italiana tradicional.

sobremesas

A culinária japonesa não inclui sobremesas como nós no Ocidente em geral conhecemos.
Talvez seja por causa da refeição japonesa ser tão perfeita que não precisa de um final rico ou pesado. A sobremesa padrão oferecida no sushi-bar é uma simples concha de sorvete de chá verde, um gosto muito adquirido, contudo ganhou popularidade internacional. Aqui estão minhas interpretações de sobremesas japonesas, todas muito ricas de sabor – forte, saborosa, amarga e doce. Com exceção do bolo de camadas krispie de arroz, elas devem ser servidas em pequenas porções.

peras escalfadas com shiso e cream cheese em maki rosa

rendimento • • • •

Este prato é perfeito para uma cesta de piquenique e absolutamente divino com um copo de champanhe gelado. Eu primeiro usei a "folha rosa", que é feita de grãos de soja ao invés de algas, quando eu escolhi algo amigável para crianças no cardápio. As crianças realmente gostaram disso; os adultos amaram. Eles fazem uma grande refeição leve para um dia quente de verão.

2 peras maduras (com a casca clara)
5 colheres de sopa de mirin
100 ml de saquê
2 colheres de sopa de açúcar
4 pedaços de folha de grão de soja rosa
500 g de sushi de arroz (veja página 15)
100 g de cream cheese light Philadelphia
sementes de 2 romãs
1 maço de agrião

Corte as peras em oito pedaços, ponha-as em uma caçarola com o mirin, o saquê e o açúcar. Traga à fervura, diminua o fogo e deixe ferver por cerca de 20 minutos. Quando as peras estiverem cozidas por inteiro, seque em um coador e deixe esfriar.

Corte uma folha de grão de soja rosa e coloque em um tapete de bambu como descrito nas páginas 88-89. Espalhe 125 g de sushi de arroz por inteiro através da folha, deixando uma borda de cerca de 2 cm ao longo do topo. Usando uma espátula, espalhe uma generosa camada de cream cheese através do arroz, acrescente pedaços de pera escalfada e espalhe folhas de agrião.

Segurando enchimento no lugar com seus indicadores, enrole o maki em um cilindro e use a ponta livre da folha rosa para selar. Repita o processo com as folhas remanescentes, o arroz, o cream cheese e a pera.

Use os lados do tapete de bambu para enquadrar o maki e deixe cada um descansar por alguns minutos. Remova do tapete de bambu, apare as pontas rudes e corte cada rolo em três pedaços.

Organize três pedaços em cada prato, espalhe as sementes de romã e decore com shiso antes de servir.

cheesecake de chá verde

rendimento ••••

Uso biscoito de gengibre ao invés de digestivos para render a base deste muito denso, mas refrescante cheesecake porque seu sabor complementa o chá verde muito bem.

- 200 g de biscoito de gengibre de boa qualidade
- 60 g de manteiga, mais um extra para untar
- 75 ml de creme duplo
- 3 colheres de sopa de pó de chá verde (mate), mais um extra para empanar
- 225 g de cream cheese integral
- 3 colheres de sopa de açúcar
- 1 ovo
- 1 gema
- 200 ml de creme fraiche

Pre-aqueça o forno a 180ºC e unte uma forma de bolo de cerca de 18 a 20cm de diâmetro. Esmague os biscoitos em um processador de comida e coloque em uma vasilha de mistura. Gentilmente misture a manteiga e acrescente os biscoitos esmagados, mexendo bem. Aperte a massa na base da forma usando as juntas para formar uma camada firme, espere esfriar por 10 minutos para ajudar a firmar. Asse por 10 minutos ou até a base estar dourada levemente. Remova do forno e deixe de lado para esfriar.

Reduza a temperatura do forno para 150ºC. Em uma pequena caçarola, aqueça o creme de leite lentamente e misture o pó de chá verde (não deixe o creme atingir a temperatura superior a 85 °C ou a mistura se dividirá em pedaços/irá talhar). Em uma larga vasilha, bata o cream cheese e o açúcar juntos. Acrescente o ovo inteiro e a gema, em seguida a mistura de chá verde.

Despeje a mistura de queijo sobre a base do biscoito e asse na parte mais baixa do forno por 30 minutos. Desligue o forno e deixe o cheesecake esfriar em um forno por pelo menos uma hora antes de transferir à geladeira. Sirva com o creme fraiche, borrife com pó de chá verde adicional para decorar.

sobremesas

chocolate preto, castanha-do-pará e nori maki

rendimento ::::

Chocolate preto e nori é uma combinação especial, melhor aproveitada com café forte ou espressotini (veja abaixo), após uma refeição satisfatória. Use chocolate de qualidade porque nesta receita, um pouco dura muito.

200 g de chocolate preto 70% de boa qualidade
15 g de manteiga sem sal
½ dose de expresso, ou outro café forte
100 g de castanha-do-pará
1 folha de nori

Encha uma pequena caçarola com água a uma profundidade de cerca de 5 cm e coloque uma vasilha de metal no topo. Coloque sobre um calor moderado. Quebre o chocolate e acrescente à vasilha de modo que derreta gentilmente. Acrescente a manteiga e o café, batendo constantemente para assegurar um final macio. Remova do calor.

Pique as castanhas e acrescente-as ao chocolate derretido. Deixe descansar por 10 minutos para endurecer um pouco.

Corte a folha de nori e coloque em um tapete de bambu com a face para baixo. Coloque toda a mistura do chocolate no meio e gentilmente enrole em rolo maki quadrado (veja técnicas nas páginas 88-89). Deixe o maki de chocolate de lado no tapete de bambu em um lugar frio para descansar por algumas horas.

Use uma faca afiada para cortar o nori de chocolate em 12 pequenos pedaços. Sirva com café quente ou espressotini gelado (veja receita abaixo)

espressotini

rendimento • • • •

um punhado de cubos de gelo
8 doses de expressão, de um pote pequeno forte ou café de cafeteira
4 doses de vodka
4 doses de licor de café

Coloque os cubos de gelo em uma jarra ou mexedor de coquetel. Acrescente o café, a vodka e o licor e mexa bem. Despeje em altos copos e sirva com chocolate preto, castanha-do-pará e nori maki (acima), bolo de camada de arroz krispie (páginas 166-167), ou simplesmente como uma bebida para após o jantar em lugar da sobremesa.

Faça o sorvete um dia adiantado. Coloque 500 ml de creme em uma caçarola com as gemas e o açúcar. Abra a vagem de baunilha, tire as sementes e acrescente à panela com as vagens. Coloque sobre fogo moderado e, usando uma batedeira elétrica, bata a mistura enquanto aquece a uma temperatura de 80ºC exatamente (use um termômetro). Transfira para um pote de plástico e congele imediatamente. Quando a mistura estiver sólida, corte em grandes pedaços e misture em um processador de comida até que o grande bocado se transforme em um gelo suave. Enquanto isso, faça um creme com os 500 ml remanescentes até firmar. Envolva o gelo macio no creme batido e congele de novo por 24 horas ou mais.

Para fazer o bolo de camada de arroz krispie: unte uma assadeira de 40 x 30 cm. Ponha a manteiga em uma caçarola pequena sobre um fogo médio. Adicione o marshmallow e agite até derreter então, misture no mel. Em uma vasilha grande, combine os arroz krispie e as sementes de gergelim. Acrescente a mistura dos marshmallows e misture até ficar homogênea.
Despeje dentro da assadeira e espalhe com uma colher de manteiga. Coloque um pedaço de papel impermeável sobre a cobertura e deixe algo pesado sobre ele, como uma lista telefônica, no topo. Deixe de lado.

Para os coulis: combine os grãos, o mirin ou saquê, e o açúcar em uma pequena caçarola. Acrescente apenas água suficiente para cobrir e ferva sobre calor médio por 10 minutos. Peneire a mistura em uma vasilha pressionando os grãos contra a massa da peneira para extrair tanto líquido quanto possível. Retorne os coulis à panela e coloque sobre fogo médio. Em uma vasilha pequena, misture a farinha de milho com um pouco de água fria e gradualmente mexa nos coulis, de modo que ele adquira a consistência de um creme duplo. Despeje o molho em uma garrafa de compressão e deixe de lado.

Usando um anel de pastelaria, corte 8 discos do bolo de arroz krispie. Coloque um em um prato de servir, acrescente uma concha de sorvete e chuvisque com coulis. Cubra com um outro disco de arroz krispie. Repita com os ingredientes remanescentes e termine com os grãos.

30 g de manteiga sem sal e mais um extra para untar

150 g de marshmallow branco

2 colheres de sopa de mel

150 g de arroz krispie, preferencialmente orgânico

70 g de sementes de gergelim branco tostado

alguns grãos para decorar

para o sorvete

1 litro de creme batido, preferencialmente orgânico

8 gemas de ovos grandes

150 g de açúcar

2 vagens de baunilha

para os coulis de frutas

100 g de framboesas

100 g de amoras

50 ml de mirin ou saquê

50 g de açúcar

1 a 2 colheres de farinha de milho

bolo de camada de arroz krispie com sorvete de baunilha fynen

Esta sobremesa é meu tributo para o sorvete de baunilha fynen maravilhoso de minha mãe, para o qual ela sempre usa vagem de baunilha de qualidade superior. Fynen é a ilha na Dinamarca onde eu cresci e é bem conhecida por seus produtos diários. A receita aqui rende 1 litro, de modo que há muito para outras tentativas. Eu combinei com um bolo de camadas – uma outra especialidade Fynen – feita de biscoitos leves de gengibre, marshmallow e arroz krispie.

rendimento ● ● ● ●

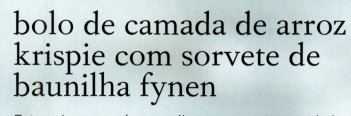

sobremesas

gengibre preto e sorvete de xarope de bordo

rendimento • • • • • •

Se você servir este sorvete uma vez, experimentará de novo e de novo, e você terá convidados que não vão para casa sem ele! Faz divinos e felizes "finais" servidos com uma pequena xícara de café forte ou expresso feito dos melhores grãos frescos. Eu acho que uma larga concha tende a ser suficiente, já que ele é tão denso com as sementes e o sabor que qualquer quantidade a mais seria glutonaria.

- 150 ml de creme orgânico
- 250 ml de leite orgânico com gordura
- 60 ml de xarope de bordo orgânico
- 4 gemas
- 50 g de açúcar
- 100 g de semente de gergelim preto tostado

Combine o creme, o leite e o xarope de bordo em uma caçarola e aqueça a mistura até o ponto de fervura.

Em uma vasilha de mistura grande, bata juntos as gemas e o açúcar. Vagarosamente despeje as mistura do leite quente sobre as gemas, batendo continuamente, então retorne à mistura do creme à caçarola. Aqueça muito vagarosamente e cuidadosamente, mexendo constantemente para assegurar que a mistura não coalhe.

Quando alcançar 74°C exatamente, transfira a mistura à uma caneca e deixe esfriar. Uma vez que tenha alcançado a temperatura ambiente, coloque a caneca na geladeira para gelar por completo.

Use um pilão ou a pequena vasilha de um processador de comida para amassar moer metade das sementes de gengibre. Acrescente-as, mais as sementes inteiras remanescentes ao manjar frio e ponha dentro de uma máquina de sorvete.

Bata a mistura até quase congelar, então, transfira para um pote plástico e congele até solidificar. Se você não tem uma máquina de sorvete, despeje a mistura direto no pote plástico e coloque no freezer, mexendo a cada 30 minutos ou até congelar.

Uma vez feito o sorvete, mantenha por até um mês (como se fosse durar tanto...). Para servir, simplesmente coloque uma concha grande em uma bela vasilha de servir.

Ingredientes japoneses usados neste livro

Base kimchee kimchee são vegetais em conserva coreanos tradicionalmente servidos com toda refeição. A base de kimchee é um vermelho brilhante, produto popular no Japão como um modo conveniente de fazer vegetais em conserva. Parece mais uma molho de tomate apimentado, mas é feito de alho, cebolinha, gengibre, vinagre e sal. Também disponível como um molho para mergulhar, neste livro é frequentemente usado como um ingrediente saboroso também.

Cogumelos de shitake o mais conhecido dos fungos japoneses. Eles são frequentemente vendidos secos, para ser reconstituídos em água quente, contudo os cogumelos de shitake fresco são agora largamente disponíveis já que eles crescem por toda Europa, incluindo Grã-Bretanha, e o cogumelo fresco é muito preferido.

Dashi um caldo feito de pelos do bonito seco, um peixe da família do atum. Dashi tem um sabor natural reforçando as propriedades e é a base de muitos pratos japoneses, de molhos e sopas até macarrões.

Edamame feijões de soja verde jovem. São tipicamente servidos em casulos, com sal marinho ou molho mirin, como um aperitivo ou lanche. Contudo você frequentemente os acharás bem instalados e usados em saladas.

Ervilhas de wasabi lanches apimentados feito de ervilhas secas cozidas com uma crosta saborosa wasabi e forte. Tradicionalmente comido com um lanche, eles são excelentes achatados e usados como um ingrediente em sushi.

Farinha tempurá frequentemente chamada tempurá-ko, esta farinha especialista é feita de trigo e farinha de milho. Tem uma textura muito leve e é essencial para uma tempurá crocante e leve.

Gengibre, em salmoura conhecido como gari em japonês, gengibre em salmoura é servido com sushi e sashimi para limpar o paladar entre os diferentes sabores. Pode também ser usado como um ingrediente nos molhos e saladas.

Kombu também conhecido como barrilha, esta variedade de alga é usada como um potenciador de sabor nos molhos, marinadas e vinagre de sushi.

Macarrões soba macarrão de trigo sarraceno. Pode ser feito de uma mistura de trigo e trigo sarraceno, ou com 100% de trigo sarraceno, o último feito da opção mais saudável. O trigo sarraceno é um complexo de carboidrato e boa para o metabolismo. Soba é usado em sopas, saladas assim como os pratos de macarrão.

Macarrões somen macarrão de trigo muito fino mais costumeiramente usado nos pratos de macarrões de sopa.

Mirin saquê de cozimento doce, também usado nos marinados, molhos e tamago (omelete japonês)

Mizuna esta salada de folhas originada no Japão, é agora cultivada também na Itália. Mizuna tem um gosto apimentado, crocante como as folhas de rúcula.

Molho de ponzu um misto de saquê evaporado, molho de soja e suco de ponzu, o que é uma fruta cítrica japonesa. Tipicamente servida como um molho de gotejar, pode também ser usado como um marinado e um ingrediente nas sobremesas modernas

Molho de soja o avô dos ingredientes japoneses, servido com ou usado em quase toda cozinha japonesa. É feito de feijão de soja e trigo, e tem um conteúdo alcoólico baixo de dois por cento. Eu prefiro usar o molho de soja feito na Europa sob a licença do Kikkoman (produtor líder do Japão) porque a soja importada chega pelo mar e sofre quando atravessa o Equador: o álcool evapora no calor, fazendo o molho de soja engrossar e um pouco amargo. O molho de soja é visto como o sal da cozinha asiática e os pratos temperados com molho de soja não deveriam precisar de sal adicional.

Molho de teriyaki um molho grosso usado com peixe ou carne grelhada. Pode ser comprado feito, mas é fácil de fazer (veja página 44)

Mooli frequentemente chamada daikon ou rabanete chinês, este rabanete branco grande é integral a cozinha japonesa como um auxiliar à digestão.
Mooli bem ralado é sempre servido com peixe cru e tempurá para ajudar a digestão de componentes gordurosos, contudo está se tornando mais

ingredientes

comum nas saladas. Esteja certo de que ralem bem de comprido.

Nori folhas de alga pressionadas, na maioria barilhas. Nori tostado é usado para fazer maki e sushi temaki. Muito rico em iodo, em fibras e totalmente sem gordura, como toda alga pode ser categorizada como uma super comida. Os flocos de nori são também vendidos para despejar sobre a comida como um tempero.

Óleo de gengibre é extraído das sementes de gengibre. Tem um sabor distintivo saboroso e tem um ponto muito alto de queima. Óleo de gengibre é frequentemente misturado com óleo de milho ou vegetal para fritura de tempurá e é frequente a inclusão nos marinados. Lembre que o gengibre é categorizado como uma noz e qualquer um que tenha alergia a noz pode ter reações.

Pasta missô uma pasta fermentada de feijão de soja, às vezes com cevada ou arroz, e sal. É usada nas sopas, saladas e marinados. A proteína de soja fermentada deixa a carne ou peixe tenro após 2 a 3 dias de marinar. Missô é muito nutritivo, rico em proteína (14%) e aparece em variedades brancas, vermelhas e marrons escuro. O Missô branco é o mais fresco e suave, o vermelho é mais arredondado enquanto a variedade escura é rica e profundamente saborosa. A pasta missô é frequentemente misturada com açúcar mirin e saque para prover sabor extra e render aos pratos um peixe caramelizado.

Sementes de gengibre disponíveis nas variações branco ou preto, estes são servidos tostados como uma cobertura para vegetais e arroz, e também são frequentemente usados em sushi.

Shichimi pó de salsinha das sete especiarias japonesas. Tradicionalmente servidas como um condimento de mesa com macarrões, pode também ser usado para render um tom apimentado aos rolos de sushi.

Shiso no Japão grandes folhas de shiso são tradicionalmente servidas com sashimi e temaki, contudo como eles estão no presente somente importados para Europa de fretado aéreo, eu prefiro usar o agrião menor, flores que vêm da Holanda pela estrada ou mar. Agrião parece folhas de minimanjericão e tem um sabor de anis e fragrância reminiscente do manjericão tailandês. É perfeito com tudo, incluindo sobremesas.

Suco de yuzu suco feito de yuzu, uma fruta cítrica japonesa com um aroma de fragrância. É um excelente ingrediente para decorações e marinados. Se não estiver disponível, o suco de yuzu pode ser substituído com uva espremida fresca.

Tobiko ova de peixe, frequentemente saboroso com yuzu, wasabi ou uma (ameixa), disponível nas lojas japonesas. Masago é uma alternativa mais barata: os ovos são menores e frequentemente coloridos artificialmente.

Tofu também conhecido como coalhada de feijão, tofu é feito de feijão de soja e muito alto em proteína. É altamente versátil e pode ser comido cru, frito no vapor, cozido ou purê para render uma base de molhos tais como molho wakami na página 149.

Udon macarrões de trigo grosso popular nos mercados de comida de rua em Tóquio.

Vinagre de arroz vinagre feito de arroz. É um ingrediente principal de vinagre de sushi, mas também usado em marinados. O vinagre tem uma posição importante na cozinha japonesa e é considerado um purificador do corpo então é frequentemente usado em bebidas leves e os produtos de saúde natural.

Vinagre de sushi eu prefiro usar o vinagre de sushi pronto já que assegura consistência por todos nossos restaurantes. Minha marca preferida é a mitsukan, mas você pode certamente misturar a sua própria: gentilmente aqueça 60 ml de vinagre de arroz com 100g de açúcar, 2 colheres de sopa de sal e um pedaço de 10 cm de alga kombu. Quando o açúcar tiver dissolvido, deixe a mistura para esfriar a temperatura ambiente e remova o kombu.

Wakame um tipo e alga vendida seca e reconstituída em água fria antes de usar. Wakame é alto em iodo e fibra e uma boa inclusão em sopas e saladas.

Wasabi raiz forte japonesa. Tradicionalmente achada crescente pelos rios nas montanhas, é agora cultivada nos bancos de córregos. A raiz fresca é gratinada e servida como um condimento de sashimi e sushi. Pó de wasabi deverá ser misturado a uma pasta grossa com água fria. Pastas de wasabi prontas são também disponíveis prontamente.

Onde comprar ingredientes japoneses

Comprar ingredientes japoneses tem se tornado muito mais fácil na ultima década já que a cozinha tem ganhado popularidade. Ingredientes básicos para fazer o sushi – arroz, vinagre de sushi, nori, wasabi, gengibre em conserva e molho de soja – são largamente disponíveis em supermercados maiores, salas de alimentos, e casas de comida saudável. Outros ingredientes comumente usados na cozinha japonesa, tais como as sementes de gengibre, mirin, óleo de gengibre, cogumelo de shitake fresco e mooli, também estão disponíveis prontos nos lugares acima e todos os outros vegetais usados neste livro podem ser comprados em bons verdureiros ou grandes supermercados. Contudo, quando chegamos ao peixe cru, eu devo enfatizar que o peixe de mercado não é selecionado. Use um bom peixeiro local, com uma boa reputação e lembre a pessoa atrás do balcão de que você irá servir o peixe cru em sushi e sashimi.

Para ingredientes japoneses mais especializados tais como shichimi, farinha de tempurá e ervilhas de wasabi, há poucos lugares em Londres e outras cidades com uma excelente escolha de produtos importados. Quando comprar em lojas asiáticas que ofereçam uma ampla gama, eu sempre recomendo para as linhas de preço médio já que eles são de boa qualidade com preço ainda razoável. Eu acredito que você tenha que ser um sério perito para ir aos produtos mais caros, um gasto extra que eu não me importo, já que não posso ser capaz de dizer a diferença.

Note que muito frequentemente, as lojas tailandesas, chinesas e outros especialistas asiáticos vendem produtos japoneses também.

Abaixo algumas das minhas lojas favoritas, mais algumas outras recomendações.

Agro Nippo Produtos Alimentícios LTDA
Avenida Dr. Gastão Vidigal, 1946
Pavilhão AMA - Box 12
Vila Leopoldinha - São Paulo - SP
Tel: (11) 3839-0330

AKEMI Produtos orientais
Avenida Prof. Francisco Morato, 3030
Box 10
Butantã - São Paulo - SP
Tel: (11) 3773-6854

Bankai Produtos J-Pop Oriental
Loja virtual - São Paulo - SP
Tel: (11) 3717-2741

Banri Comercial
Rua Galvão Bueno, 160
Liberdade - São Paulo - SP
Tel: (11) 3208-7232

Casa Fuji
Rua das Laranjeiras, 280 - Loja D
Laranjeiras - Rio de Janeiro - RJ
Tel: (21) 2265-4894

Casa Bueno
Rua Galvão Bueno, 48
Liberdade - São Paulo - SP
Tel: (11) 3277-8901

Casa Vitana – Barra da Tijuca
Av. das Américas, 3255 - Loja 181
Shopping Barra Garden
Barra da Tijuca - Rio de Janeiro - RJ
Tel: (21) 3325-5567

Casa Vitana – Flamengo
Rua Paissandú, 111 - Loja D
Flamengo - Rio de Janeiro - RJ
Tel: (21) 2556-4545

Casa Vitana - Leblon
Rua João Lira, 98
Leblon - Rio de Janeiro - RJ
Tel: (21) 2540-5303

Center Nippon – Imirim
Av. Imirim, 1077
Imirim - São Paulo - SP
Tel: (11) 6256-5364

Center Nippon – Jabaquara
Av. Engenheiro Armando Arruda Pereira, 515
Jabaquara - São Paulo - SP
Tel: (11) 5594-8177

Comercial Marukai Ltda
Rua Galvão Bueno, 34 - Liberdade
Liberdade - São Paulo - SP
Tel: (11) 3341-3350

Comercial Tanabata Ltda
Rua França Pinto, 330
Vila Mariana - São Paulo - SP
Tel: (11) 5539-1073

Cria Foods
Rua Arcipreste Andrade, 648
Ipiranga - São Paulo - SP
Tel: (11) 6163-0308

Dai-Kin Com. Prod. Alimentícios
Rua das Rosas, 139-B
Mirandópolis - São Paulo - SP
Tel: (11) 5589-0086

Emporium Oriental
Rua Tenente Gomes Ribeiro, 198
Vila Clementino - São Paulo - SP
Tel: (11) 5574-7211

Fuji Mercearia
Rua Cunha Gago, 34
Pinheiros - São Paulo - SP
Tel: (11) 3812-9135

Grão Integral
Rua das Laranjeiras, 43 - Loja 12
Laranjeiras - Rio de Janeiro - RJ
Tel: (21) 2285-6739

Isetan Comércio de Produtos Alimentícios
Rua dos Estudantes, 48
Liberdade - São Paulo - SP
Tel: (11) 3208-3980

Kariyushi
Rua Visconde de Pirajá, 111 - Loja H
Ipanema - Rio de Janeiro - RJ
Tel: (21) 2522-7778

Loja Nintenbussan
Rua José Getúlio, 130 - Loja 24
Aclimação - São Paulo - SP
Tel: (11) 3209-1187

Mainitiya Comércio Prod. Alim. em Geral Ltda
Rua das Oiticicas, 279
Jabaquara - São Paulo - SP
Tel: (11) 5012-3866

Marukai
Rua Galvão Bueno, 34
Liberdade - São Paulo - SP
Tel: (11) 3341-3350

Mercearia e Bomboniere Towa Ltda
Praça da Liberdade, 113 - Loja 4
Liberdade - São Paulo - SP
Tel: (11) 3105-4411

Mercearia Heiwa
Rua Galvão Bueno, 450
Liberdade - São Paulo - SP
Tel: (11) 3101-3311

Mercearia Mei-Jo
Rua Marques de Abrantes, 219
Lojas C/D
Flamengo - Rio de Janeiro - RJ
Tel: (21) 2551-2824

Mercearia Meisim
Praça da Liberdade, 83
Liberdade - São Paulo - SP
Tel: (11) 3105-9800

Mercearia Sora
Rua Eva Terpins 230
Jaguaré - Sao Paulo - SP
Tel: (11) 2768-2580

Mercearia Toyama
Rua Galvão Bueno, 450 - Loja 2
Liberdade - São Paulo - SP
Tel: (11) 3207-0012

Minikimono
Rua Galvão Bueno, 22
Liberdade - São Paulo - SP
Tel: (11) 3208-0322

Ohashi Produtos Japoneses e Naturais
Av. Comendador Alberto Bonfiglioli, 687
Butantã - São Paulo - SP
Tel: (11) 3731-4812

Oishii
Avenida Santo, 165
Santo Amaro - São Paulo - SP
Tel: (11) 5575-8563

Suikah
Alameda dos Jurupis, 1107
Moema - São Paulo - SP
Tel: (11) 5041-0550

Urizun Produtos Orientais
Av. Conselheiro Carrão, 2673
Vila Carrão - São Paulo - SP
Tel: (11) 2092-6191

Yoi Comercial
Rua Muniz de Souza, 280
Aclimação - São Paulo - SP
Tel: (11) 3341-6110

Sites
www.japanstore.com.br
www.asiashop.com.br

índice

O negrito indica páginas com fotos.

abacate:
   abacate com cebolinha e espinafre amassado com sementes de gergelim, **84-85**
   caranguejo gunkan com abacate e wasabi mayo, **76**, 77
   maki de abacate, cebolinha e gergelim, 99
   salada raio x, **50**, 51
albacora (peixe), 30
almoço energético com edamame, wakane e atum, **94-95**, 96
amberjack, 13 (veja cauda amarela)
arroz de sushi perfeito, 14, **15**
arroz marrom, mistura, 96:
   almoço energético com edamame, wakame e atum, **94-95**, 96
   rolos maki, **86**, 90, 97-99
arroz, vinagre, 170
atum albacora, 12
atum grelhado com pimenta e nigiri com crosta de gergelim, 68
atum, informações gerais, 12-27:
   almoço energético com edamame, wakame e atum, **94-95**, 96
   atum grelhado com pimenta e nigiri com crosta de gergelim, 68
   cortando o lombo do atum, **26**, 27
   maki de atum frito, 140, **141**
   nigiri de atum com shichimi e kimchee, 62, **64**
   sashimi clássico de atum, 28
   sashimi pici-pici, **30-31**
   tártaro de atum com wasabi tobiko, 78
   tempurá de atum com óleo malagueta, **124**, 126
atum-rabilho, 12

badejo, 13:
   badejo com óleo de pimenta malagueta e coentro, **58**, 69
   sashimi de badejo com óleo de malagueta, 34
   sashimi pici-pici, **30-31**
base kimchee, 170
besugo, 30
bife e rosbife:
   nigiri de bife orgânico com raiz forte fresca e creme de wasabi, **74-75**
   rosbife orgânico com creme de raiz forte, cebolinha e pepino, 109
bolo de camada de arroz krispie com sorvete de baunilha fynen, **166-167**
bolos:
   bolo de camada de arroz krispie com sorvete de baunilha fynen, **166-167**
   cheesecake de chá verde, 161

camarões:
   ceviche de camarão, **38**, 39
   camarões tigre com feng mayo, shichimi e kimchee, **70**, 71
   preparo da cavala e de outros peixes pequenos e redondos, **32**, 33
   rolo de dentro para fora de camarão tigre com aspargo tailandês e feng mayo, 138
   tempurá de camarão de coco mágico com manga e salsa papaia, **130**, 131
   tempurá de camarão tigre ao pesto, 127
camarões tigre:
   camarões tigre com feng mayo, shichimi e kimchee, **70**, 71
   rolo de dentro para fora de camarão tigre com aspargo tailandês e feng mayo, 138
   tempurá de camarão tigre ao pesto, 127
caranguejo:
   caranguejo gunkan com abacate e wasabi mayo, **76**, 77
   patas de caranguejo com salada de macarrão udon, 54
   uramaki califórnia pôr do sol com caranguejo e tobiko, 104
caranguejo gunkan com abacate e wasabi mayo, **76**, 77
cavala, informação geral, 13:
   ceviche de cavala da cornualha com salada inspirada no oriente médio e molho cremoso de tahini, **56**, 57
   preparo da cavala e de outros peixes pequenos e redondos, **32**, 33
   nigiri de cavala com gergelim e sementes de papoula, 62, **65**
   sashimi de cavala do sr. Shibushi, 35
   sashimi pici-pici, **30-31**
ceviche de camarão, **38**, 39
ceviche de cavala da cornualha com salada inspirada no oriente médio e molho cremoso de tahini, **56**, 57
cheesecake de chá verde, 164
chocolate preto, castanha-do-pará e nori maki, **160**, 165
cogumelo shitake:
   rolo de cogumelo shitake com cebolinha e molho teriyaki, **136**, 137
   guisado de cogumelo com udon e parmesão ralado, 152
compota de pimentão, 150
cortando o lombo do atum, **26**, 27
cortando peixes grandes em partes, 18, **19**
curry vermelho estilo japonês com somen, 147
daikon (veja mooli)
dashi, tempero, 170

endro, molho escandinavo, **43**
espaguete, veja macarrão
espressotini, 161, 165

feijões edamame, 170:
   almoço energético com edamame, wakame e atum, **94-95**, 96
   salada de alga com tempero mooli, edamame e dashi, 55
   salada de feijão japonês, 46, **47**
   salada raio x, **50**, 51
feng pesto, 44
folha de grão de soja rosa, 162
frango defumado com nigiri de aspargo branco, 72, **73**
gengibre, em salmoura, 170
gergelim preto e sorvete de xarope de bordo, **168**, 169
gravadlax:
   gravadlax com salmão, rúcula e pesto, 108
   nigiri gravadlax estilo tailandês, **66**, 67
guisado de abóbora marroquina com sopa de macarrão soba, 153
guisado de cogumelo com udon e parmesão ralado, 152

hamachi, 13 (veja cauda amarela)

ikura (ovas de salmão):
   caranguejo gunkan com abacate e wasabi mayo, **76**, 77
   ikura gunkan, 78
   nigiri de salmão com ikura, 62, **63**
   salada de batata ikura, 48
   sashimi pici-pici, **30**, 31
   tempurá de temaki de salmão com ikura e tobiko yuzu, 139
ikura gunkan, 78
ingredientes japoneses, 170, 171

kombu (kelp), 170

lula:
   lula bebê grelhada, feijões franceses e ovos de codorna em sopa de somen, 146
   lula bebê, tempurá e risoto estilo japonês, **158-159**
   tempurá de lula com um crocante extra e pepino em salmoura, 128, **129**
lula bebê:
   lula bebê grelhada, feijões franceses e ovos de codorna em sopa de somen, 146
   risoto estilo japonês com tempurá de lula bebê, **158-159**
   tempurá de lula com um crocante extra e pepino em salmoura, 128, **129**

macarrão noodles e arroz, 142, 159:
   almoço energético com edamame, wakane e atum, **94-95**, 96
   curry vermelho estilo japonês com somen, 147
   espaguete com compota de pimentão, castanha de caju e pimentas, 150, **151**
   guisado de abóbora marroquina com

sopa de macarrão soba, 153
guisado de cogumelo com udon e parmesão ralado, 152
informações gerais, 144-145
lula bebê grelhada, feijões franceses e ovos de codorna em sopa de somen, 146
molho de coentro wakame, pancetta e soba, **148**, 149
moules udon mariniere com tomates-cerejas e ervas frescas, **154**, 155
patas de caranguejo com salada de macarrão udon, 54
risoto estilo japonês com tempurá de lula bebê, **158-159**
salada de macarrão soba, 49
salmão teriyaki com salada soba morna, 156, **157**
maki de abacate, cebolinha e gergelim, 99
maki de atum frito, 140, 141
maki de *yellowtail* e asparago tailandês, 98
mate (pó de chá verde), 164
mirin, 170
missô com salmão e sementes de papoula com batatas-doces rústicas, 52, **53**
missô, tempero, **43**
mistura de sushi de arroz marrom, 96
mizuna, 170
molho de soja, 170
molhos:
    molho de tempurá básico, 121
    molho vegetariano, 121
    teriyaki simples, 44
mooli (rabanete chinês, daikon), 170:
    salada de alga com tempero mooli, edamame e dashi, 55
    salada mooli, **45**
    salada raio x, **50**, 51
    uramaki vegetariano com picles, 105
moules udon mariniere com tomates--cerejas e ervas frescas, **154**, 155

nigiri de salmão com ikura, 62, **63**
nigiri gravadlax estilo tailandês, **66**, 67
nigiri de cavala com gergelim e sementes de papoula, 62, **65**
nigiri, veja sushi-nigiri
nori, 170

óleo de gergelim / sementes de gergelim, 170
omelete (tamago) frito e enrolado, 80, 81:
    rolo de tamago com molho de pimentão assado, 110, **111**
    tamago com pimentão vermelho assado 82, **83**
    tamago com ricota e espinafre, 82

para vestir o kimchee, 25

pasta missô, 170
peixe capturado no anzol, 11
peixe estilo japonês e fritas com bacalhau e remoulade, **132-133**, 134, 135
peixe, informação geral, 10-13:
    cortando o lombo do atum, **26**, 27
    cortando peixes grandes em partes, 18, **19**
    preparo da cavala e de outros peixes pequenos e redondos, **32**, 33
peixes pequenos e redondos, preparando, 33
pepino em conserva (kappa), 105
peras escalfadas com shiso e cream cheese em maki rosa, 162, **163**
picles japonês, 105
pimenta-doce, **50**, 51
pimentão, molho de, 110

rabanete chinês (veja mooli), 170
raiz forte fresca e creme de wasabi, **74-75**
risoto estilo japonês com tempurá de lula bebê, **158-159**
rolo arco-íris são francisco, **106**, 107
rolo sushi-maki, **14**, 15

salada de alga com tempero mooli, edamame e dashi, 55
salada de batata ikura, 48
salada de feijão japonês, 46, **47**
salada raio x, **50**, 51
saladas, 40, 41, 49:
    ceviche de cavala da cornualha com salada inspirada no oriente médio e molho cremoso de tahini, **56**, 57
    missô com salmão e sementes de papoula com batatas-doces rústicas, 52, **53**
    patas de caranguejo com salada de macarrão udon, 54
    salada de alga com tempero mooli, edamame e dashi, 55
    salada de batata ikura, 48
    salada de feijão japonês, 46, **47**
    salada de macarrão soba, 49
    salada mooli, **45**
    salada raio x, **50**, 51
    salmão teriyaki com salada soba morna, 156, **157**
salmão:
    cortando peixes grandes em partes, 18, **19**
    gravadlax com salmão, rúcula e pesto, 108
    informações gerais, 10-12
    nigiri de salmão com ikura, 62, **63**
    ovas (ikura), 30
    pele de salmão com cebolinha, 92, 93
    salmão cultivado, 11
    salmão teriyaki com salada soba morna, 156, **157**

salmão, rúcula e maki ao pesto, 97
sashimi clássico de salmão, 20
sashimi de salmão seco com pimenta preta e crosta de gergelim, 22, **23**
sashimi pici-pici, **30-31**
tempurá de salmão, endro e tobiko, **125**, 126
tempurá de temaki de salmão com ikura e tobiko yuzu, 139
salmão cultivado do loch duart, 11
salmão teriyaki com salada soba morna, 156, **157**
sashimi clássico de atum, 28
sashimi clássico de salmão, 20
sashimi de cavala do sr. shibushi, 35
sashimi de *yellowtail* invertido com pimenta-jalapenho com acelga em conserva, **24**, 25
sashimi de *yellowtail* verde, **16**, 21
sashimi pici-pici, **30-31**
sashimi, 16, 17-39:
    ceviche de camarão, **38**, 39
    sashimi clássico de atum, 28
    sashimi clássico de salmão, 20
    sashimi de badejo com óleo de malagueta, 34
    sashimi de cavala do sr. shibushi, 35
    sashimi de salmão seco com pimenta preta e crosta de gergelim, 22, **23**
    sashimi de vieiras, 36
    sashimi de *yellowtail* invertido com pimenta-jalapenho com acelga em conserva, **24**, 25
    sashimi de *yellowtail* verde, **16**, 21
    sashimi pici-pici, **30-31**
    tártaro de atum com ponzu, cebolinha e caviar, 29
    tártaro de salmão com cebolas, yuzu tobiko e feng mayo, 20
soba, veja macarrão
sobremesas:
    bolo de camada de arroz krispie com sorvete de baunilha fynen, **166-167**
    cheesecake de chá verde, 161
    chocolate preto, castanha-do-pará e nori maki, **160**, 165
    espressotini, 161, 165
    gergelim preto e sorvete de xarope de bordo, **168**, 169
    peras escalfadas com shiso e cream cheese em maki rosa, 162, **163**
soja rosa, folha de feijão, 162
soja, molho, 170
somen, veja macarrão
sopa:
    lula bebê grelhada, feijões franceses e ovos de codorna em sopa de somen, 146
sorvetes:
    bolo de camada de arroz krispie com

índice

sorvete de baunilha fynen, **166-167**
gergelim preto e sorvete de xarope de bordo, **168**, 169
suco yuzu, 171
sushi-maki 86, 87-115 (veja também temaki):
   almoço energético com edamame, wakame e atum, **94-95**, 96
   gravadlax com salmão, rúcula e pesto, 108
   maki de *yellowtail* e aspargo tailandês, 98
   mistura de maki, 90, **91**
   pele de salmão com cebolinha, **92**, 93
   rolo arco-íris são francisco, 106, 107
   rolos de sushi-maki, 88, **89**
   rosbife orgânico com creme de raiz forte, cebolinha e pepino, 109
   uramaki califórnia pôr do sol com caranguejo e tobiko, 104
   uramaki de ervilhas trituradas com wasabi, 102, **103**
   uramaki vegetariano com picles, 105
   uramaki, **100**, 101
sushi-nigiri, 58, 59-85:
   abacate com cebolinha e espinafre amassado com sementes de gergelim, **84-85**
   atum grelhado com pimenta e nigiri com crosta de gergelim, 68
   badejo com óleo de pimenta malagueta e coentro, **58**, 69
   camarões tigre com feng mayo, shichimi e kimchee, **70**, 71
   caranguejo gunkan com abacate e wasabi mayo, **76**, 77
   frango defumado com nigiri de aspargo branco, 72, **73**
   ikura gunkan, 78
   modelando o nigiri, 60, **61**
   nigiri de atum com shichimi e kimchee 62, **64**
   nigiri de cavala com gergelim e sementes de papoula, 62, **65**
   nigiri de salmão com ikura, 62, **63**
   nigiri gravadlax estilo tailandês, **66**, 67
   tártaro de atum com wasabi tobiko, 78
   vieiras no molho teriyaki, 79

tahini, tempero, **43**, 57
tamago, panela, rolo, 80, 81:
   rolo de tamago com molho de pimentão assado, 110, **111**
   tamago com pimentão vermelho assado, 82, **83**
   tamago com ricota e espinafre, 82
temaki:
   temaki de *yellowtail* com rúcula, shiso e feng mayo, 115
   temaki enrolado, **112**, 113

temaki verde, 114
tempurá de temaki de salmão com ikura e yuzu tobiko, 139
temaki verde, 114
tempero da ilha milenar japonesa, **42**
tempero dashi, **42**
tempero missô, **43**
temperos:
   feng mayo, 44
   feng pesto, 44
   kimchee, 25
   molho escandinavo de endro, **43**
   tempero da ilha milenar japonesa, **42**
   tempero dashi, **42**
   tempero missô, **43**
   tempero tahini, **43**
   teriyaki simples, 44
   vinagrete japonês, **42**
   wasabi mayo, 77
tempurá básico, molho, 121
tempurá de camarão de coco mágico com manga e salsa papaia, 130, **131**
tempurá de salmão, endro e tobiko, **125**, 126
tempurá, 116, 117, 161:
   farinha, 171
   fazendo tempurá, 118, **119**
   molhos e acompanhamentos, **120-121**
   peixe estilo japonês e fritas com bacalhau e rémoulade, **132-133**, 134, **135**
   rolo de cogumelo shitake com cebolinha e molho teriyaki, **136**, 137
   tempurá de atum com óleo malagueta, 124
   tempurá de camarão de coco mágico com manga e salsa papaia 130, 131
   tempurá de camarão tigre ao pesto, 127
   tempurá de lula com um crocante extra e pepino em salmoura, 128, **129**
   tempurá de salmão, endro e tobiko, **125**, 126
   tempurá de salmão, temaki com ikura e yuzu tobiko, 130
   tempurá vegetariano, **122**, 123
teriyaki simples, 44, 171
tobiko, 171
tofu, 171:
   folha de grão de soja rosa, 162
   molho de coentro wakame, pancetta e soba, **148**, 149

udon, 144-5, 171 (veja também macarrão):
   guisado de cogumelo com udon e parmesão ralado, 152
   moules udon mariniere com tomates-cerejas e ervas frescas, **154**, 155
   patas de caranguejo com salada de macarrão udon, 54
uramaki califórnia pôr do sol com

caranguejo e tobiko, 104
uramaki vegetariano com picles, 105
uramaki, **100**, 101:
   rolo de dentro para fora de camarão tigre com aspargo tailandês e feng mayo, 138
   uramaki califórnia pôr do sol com caranguejo e tobiko, 104
   uramaki de ervilhas trituradas com wasabi, 102, **103**
   uramaki vegetariano com picles, 105

vegetariano:
   guisado de cogumelo com udon e parmesão ralado, 152
   maki de abacate, cebolinha e gergelim, 99
   molho de tempurá básico, 121
   molho vegetariano, 121
   rolo de cogumelo shitake com cebolinha e molho teriyaki, **136**, 137
   rolo de tamago com molho de pimentão assado, 110, **111**
   salada de macarrão soba, 49
   tempurá vegetariano, **122**, 123
   uramaki de ervilhas trituradas com wasabi, 102, **103**
   uramaki vegetariano com picles, 105
vegetariano, molho, 121
vieiras, 13:
   mergulho, 36
   sashimi de vieiras, 36, **37**
   vieiras no molho teriyaki, 79
vinagre de arroz, 170
vinagrete japonês, **42**

wakame, 171:
   almoço energético com edamame, wakame e atum, **94-95**, 96
   molho de coentro wakame, pancetta e soba, **148**, 149
wasabi, 171:
   caranguejo gunkan com abacate e wasabi mayo, **76**, 77
   ervilhas de wasabi, 170
   nigiri de bife orgânico com raiz fortefresca e creme de wasabi, **74-75**
   uramaki de ervilhas trituradas com wasabi, 102, **103**

yellowtail (cauda amarela), (hamachi, amberjack), 13:
   cortando peixes grandes em partes, 18, **19**
   maki de *yellowtail* e aspargo tailandês, 98
   sashimi de *yellowtail* invertido com pimenta-jalapenho com acelga em conserva, **24**, 25
   sashimi de *yellowtail* verde, **16**, 21
   sashimi pici-pici, **30-31**
   temaki de *yellowtail* com rúcula, shiso e feng mayo, 115

agradecimentos

Primeiro eu gostaria de agradecer ao meu parceiro de negócios, Jeremy Rose, por me apoiar, por acreditar nas minhas habilidades como chefe e me ajudar a publicar este livro. O Feng Sushi tem me possibilitado desenvolver e praticar novas e interessantes experiências, portanto, eu também gostaria de agradecer a Chris McFadden, nosso apoio financeiro, pelo seu suporte e pela sua presença ativa no Feng Sushi. À equipe do Feng Sushi – em particular aos excelentes chefes de equipe que trabalham no dia a dia – agradeço a todos pelo sucesso que o Feng Sushi tem se tornado. Sem o trabalho árduo realizado por essa equipe, nunca teríamos chegado onde estamos hoje. Obrigado a todos os principais fornecedores do Feng Sushi: Tazaki Food, Aberdeen Sea Products e a Leanards, por seus produtos adoráveis. Quero também agradecer a Tanis Taylor, que ajudou na composição original deste livro. Um agradecimento especial a Lars, e a todas as pessoas talentosas da Quadrille, pelo excelente trabalho feito neste livro. Finalmente, quero agradecer ao meu noivo David, pelo seu apoio, por ser honestamente crítico e por sempre preparar e servir-me uma saborosa refeição no final de um longo dia.

```
Dados Internacionais de Catalogação na Publicação (CIP)
         (Câmara Brasileira do Livro, SP, Brasil)

    Bjerrum, Silla
       A culinária japonesa sem mistérios / Silla
    Bjerrum ; [tradução Rogério Karagulian]. --
    São Paulo : Gaia : Editora Boccato, 2011.

           Título original: Simple japanese.
           ISBN 978-85-7555-277-3 (Gaia)

           1. Culinária japonesa 2. Receitas I. Título.

    11-10588                                 CDD-641.50952

              Índices para catálogo sistemático:

        1. Culinária japonesa : Receitas : Economia
              doméstica   641.50952
```

A primeira edição deste livro foi publicada em 2007 pela Quadrille Publishing Limited
Alhambra House
27-31 Charing Cross Road
London WC2H 0LS
www.quadrille.co.uk

Texto © 2006 Silla Bjerrum
Fotografias © 2006 Lars Ranek
Design gráfico © 2006 Quadrille Publishing Ltd

Diretora editorial: Anne Furniss
Diretora de criação: Helen Lewis
Editor de projeto: Jenni Muir
Fotógrafo: Lars Ranek
Estilista culinária (Food styling): Silla Bjerrum
Designer: Claire Peters
Produção: Ruth Deary

Edição Brasileira

© Editora Boccato (Gourmet Brazil)
Rua dos Italianos, 845 – Bom Retiro – Cep 01131-000
São Paulo – SP – Brasil – (11) 3846-5141
www.boccato.com.br – www.cooklovers.com.br
contato@boccato.com.br
Edição: André Boccato
Coordenação editorial: Manon Bourgeade, Maria Aparecida C. Ramos
Tradução: Rogério Karagulian
Colaboradora/Revisão técnica: Marcia Francener
Revisão ortográfica: Maria Luiza Momesso Paulino, Regina Machado e TopTexto
Diagramação: Liliana Fusco Hemzo

Editora Gaia LTDA.
(pertence ao grupo Global Editora e Distribuidora Ltda.)
Rua Pirapitingui, 111-A – Liberdade 01508-020
São Paulo – SP – Brasil – (11) 3277-7999
www.globaleditora.com.br
gaia@editoragaia.com.br
Editora Gaia
Diretor editorial: Jefferson L. Alves
Diretor de marketing: Richard A. Alves
Gerente de produção: Flávio Samuel
Coordenadora editorial: Arlete Zebber
Assistente editorial: Ana Carolina Ribeiro
No de Catálogo: 3295

Os direitos dos autores estão protegidos. Todos os direitos reservados. Nenhuma parte deste livro pode ser reproduzida, armazenada em sistema ou transmitida em qualquer forma ou por qualquer meio eletrônico, eletroestático, fita magnética, mecânica, fotocópia, gravação ou por outra forma de reprodução, sem a prévia permissão do autor, por escrito.
Embora todo o cuidado possível tenha sido tomado na preparação deste livro, nem os editores, nem os autores podem aceitar qualquer responsabilidade por quaisquer consequências decorrentes do uso indevido ou pelas informações nele contidas.

Impresso na República Popular da China